AF177554

**16 ans
et des poussières**

Mireille Disdero

16 ans
et des
poussières

Vocabulaire par
Edith Michaelsen

Ernst Klett Sprachen
Stuttgart

1. Auflage   5 | 2025

Alle Drucke dieser Auflage sind unverändert und können im Unterricht
nebeneinander verwendet werden. Die letzte Zahl bezeichnet das Jahr
des Druckes. Das Werk und seine Teile sind urheberrechtlich geschützt.
Jede Nutzung in anderen als den gesetzlich zugelassenen Fällen bedarf der
vorherigen schriftlichen Einwilligung des Verlags.

© für die Originalausgabe: Édition du Seuil, 2009, nouvelle édition, 2011, Paris.
© für diese Ausgabe: Ernst Klett Sprachen GmbH, Rotebühlstraße 77,
70178 Stuttgart, 2012. Alle Rechte vorbehalten. Die Nutzung der Inhalte für
Text- und Data-Mining ist ausdrücklich vorbehalten und daher untersagt.
www.klett-sprachen.de

Redaktion: Sylvie Cloeren, Laure Boivin (extern)
Layoutkonzeption: Sandra Vrabec
Gestaltung und Satz: bostext, Leonberg
Umschlaggestaltung: Andreas Drabarek
Titelbild: V. Figuière, Pontoise
Bild Seite 71: © Mireille Disdero
Druck und Bindung: Plump Druck & Medien GmbH, Rheinbreitbach

Printed in Germany
ISBN 978-3-12-592308-9

Table des matières

Pourquoi j'ai écrit ce livre...

Tout a commencé quand j'ai participé à un concours de nouvelles, sur le thème « Les jeunes et la violence », organisé par la ville d'Istres, dans le sud de la France. J'ai remporté le premier prix mais, en relisant le récit concentré sur quelques pages, j'ai compris que la vie de cette adolescente méritait l'ampleur et la densité d'un roman. En effet, avec la nouvelle, je n'avais extrait que le « noyau » d'atome de l'histoire de Shayna. Elle y était à l'étroit, il fallait donc lui ouvrir les issues, lui offrir sa chance.

Cette idée ayant fait son chemin, j'ai alors véritablement écrit ce roman, déterminée à donner la parole à la jeune fille ou, plutôt, à lui donner le pouvoir de la prendre et, ce faisant, de nous apporter son témoignage de vie dans une cité HLM en zone urbaine sensible des 15e et 16e arrondissements de Marseille. Les quartiers Nord-Littoral ont une vue imprenable sur la mer, direction l'Estaque et la Côte bleue. Vue imprenable sur les tours, surtout, direction nulle part, si on n'est ni guidé ni soutenu.

De juin à septembre, pendant l'été qui suit la fin de sa troisième, Shayna, dans son errance pour trouver un sens à sa vie et malgré ses problèmes avec sa mère, n'est pas véritablement abandonnée à son sort. Enzo est amoureux d'elle, Djamila devient son amie et reste pour nous, lecteurs, une jeune femme bien mystérieuse...

---

4 **un récit** une histoire – 5 **mériter qc** etw wert sein – 5 **une ampleur** une grandeur, une importance – 5 **une densité** une complexité – 6 **un noyau** Kern – 7 **être à l'étroit** ne pas avoir assez de place – 8 **une issue** *ici* : un chemin – 9 **véritablement** vraiment – 10 **être déterminé** être décidé – 10 **donner la parole à qn** laisser parler qn – 11 **ce faisant** de cette façon – 12 **un témoignage** → **témoigner** *ici* : berichten – 12 **une cité HLM (habitation à loyer modéré)** Wohnblock mit Sozialwohnungen (**un loyer** Miete) – 13 **une zone urbaine sensible** un quartier où il y a des problèmes économiques et sociaux – 14 **le littoral** le bord de mer – 14 **une vue imprenable** unverbaubare Aussicht – 15 **l'Estaque** un quartier nord-ouest de Marseille avec une ambiance de village – 15 **la Côte bleue** → la côte située à l'ouest de Marseille – 15 **une tour** *ici* : Hochhaus – 16 **nulle part** nirgendwo(hin) – 16 **soutenir** aider – 17 **la troisième** la dernière année au collège – 18 **une errance** *ici* : une recherche difficile – 19 **être abandonné à son sort** être laissé seul

Enfin, sa prof de français, qui a réussi à transpercer sa « carapace » protectrice, lui a transmis la graine de l'espoir et de la réalisation de soi. En effet, la jeune fille se situe à un moment charnière de sa vie où elle doit prendre une décision importante : renoncer ou au contraire s'affirmer, se donner les moyens de poursuivre ses études et de prendre soin des autres. Tout est possible, la vie trouve toujours un chemin, c'est pourquoi j'ai écrit ce livre.

Mireille Disdero

Dans une cité, perchée comme un nid d'aigle au-dessus de Marseille, vivent tragiquement des familles venues de tous les horizons de la Méditerranée : Italiens, Espagnols, Arabes, Arméniens... et Français de souche.
À propos de ROBERT GUEDIGUIAN,
L'argent fait le bonheur, 1992

---

1 **transpercer** durchbohren – 1 **une carapace** la peau très dure de certains animaux –
2 **transmettre** donner – 2 **une graine** Samen – 3 **soi** sich – 3 **un moment charnière**
Übergangspunkt – 4 **renoncer** abandonner – 5 **s'affirmer** montrer qu'on a de la personnalité –
5 **poursuivre** continuer – 6 **prendre soin de qn** s'occuper de qn – 9 **perché** in der Höhe
sitzend – 9 **un nid** Nest – 9 **un aigle** Adler – 12 **Français de souche** Franzose französischer
Abstammung

Notre chienne de vie

Hier, en bas de l'immeuble, un chien noir s'est fait écraser. Le museau caché sous les pattes, il est mort au milieu des poubelles. Depuis, personne n'a pensé à l'enlever ou à le pleurer, car celui qui pleure n'est pas d'ici.

En rentrant du collège, les nerfs grillés par la chaleur de cette fin de mois de juin, je me suis arrêtée et je l'ai observé en pleine lumière. J'ai frissonné comme si c'était l'hiver mais sans le froid. Il restait de la douceur sur son pelage, quelque chose de tendre qui allait disparaître. L'eau a dégouliné de mes yeux, qui fixaient la mort du chien. Rien à voir avec les larmes.

Enzo, qui marchait devant, est revenu sur ses pas. Il m'a essuyé la joue avec sa manche à l'odeur de savon de Marseille et a passé sa main devant mes paupières, plusieurs fois, pour arrêter l'hémorragie ou comme s'il se trouvait en présence d'une demeurée. Il m'a secoué l'épaule en me lançant :

– Eh, Shayna, ne perds pas de temps, c'est juste un chien... Un pitbull, en plus. Vivant, il t'aurait arraché un morceau ou même peut-être tout le bras, vu la couleur de ton prénom. Tu viens ?

– Mon prénom n'a pas de couleur, il est en noir et blanc ; il n'a pas de sens non plus. Ma mère me l'a tatoué sur l'état civil mais je ne suis pas beurette.

Je pointe mon index vers le chien :

0 **une chienne de vie** *fam* une vie très difficile – 1 **se faire écraser** überfahren werden – 2 **le museau** Schnauze – 2 **une patte** Pfote – 3 **pleurer qn** um jdn trauern – 7 **frissonner** schaudern – 8 **un pelage** Fell – 8 **tendre** zart – 9 **dégouliner** couler, tomben – 11 **revenir sur ses pas** *ici :* faire demi-tour – 12 **essuyer** [esɥije] trocknen – 12 **une manche** Ärmel – 12 **une odeur** Geruch – 12 **le savon de Marseille** Kernseife – 13 **une paupière** Augenlid – 14 **une hémorragie** *ici : fig* les larmes coulent comme du sang – 15 **un,e demeuré,e** *fam* un fou, une folle – 15 **secouer** schütteln – 17 **arracher** enlever brusquement – 18 **vu** *fam ici :* à cause de – 20 **un sens** [sɑ̃s] une explication – 20 **l'état civil** *ici :* Standesregister – 21 **un beur, une beurette** *fam* fils/fille d'immigrés maghrébins – 22 **pointer l'index** *m* mit dem Zeigefinger zeigen

– Qui a fait ça, Enzo ?

– C'est Rox Man, avec sa bande. Ces derniers jours, on les a vus courser des chiens, des chats, et même des enfants avec une voiture qu'il aurait empruntée à La Joliette, près du métro et à l'heure de pointe ! Il s'en vante. Et toi, si tu étais beurette, ton père et tes frères te surveilleraient comme le ketchup sur les frites, et ta main dans la mienne, ça n'existerait pas. Tu comprends ?

– Hum ! S'en prendre aux innocents, c'est facile. Rox Man ne risque rien. Il me fait peur, Enzo. J'ai mal au cœur...

Il pose fermement sa main sur mon épaule et reprend :

– Aucune raison de trembler. Laisse tomber, Shayna. Viens. C'était pas ton chien. T'as pas de chien. Tu n'en as jamais eu, ta mère les déteste, et puis ils mordent, ils ont toujours faim. Ça coûte. Vous n'avez pas les moyens d'en entretenir un.

– Non. Avec ma mère, jamais je n'ai pu. Mais maintenant, celui-là, l'écrasé, il l'est devenu. C'est le mien.

Enzo a haussé les épaules en secouant la tête comme s'il voulait se débarrasser d'une mouche trop collante. On s'est éloignés, puis j'ai pensé à notre chienne de vie qui ne faisait que commencer. J'ai eu envie de mordre la terre entière. J'ai serré les dents en silence et j'ai marché de plus en plus vite, comme pour rattraper quelque chose qui s'enfuyait... Notre chienne de vie qui ne faisait que commencer.

---

3 **courser** *fam* verfolgen – 4 **emprunter qc** prendre qc provisoirement – 4 **une heure de pointe** Stoßzeit – 5 **se vanter de qc** sich einer Sache rühmen – 8 **s'en prendre à qn** attaquer qn – 10 **fermement** fest – 10 **reprendre** *ici:* recommencer à parler – 11 **trembler** zittern – 11 **laisser tomber** *fam ici :* arrêter de penser à qc – 13 **mordre** beißen – 14 **entretenir qn** s'occuper de qn – 17 **hausser les épaules** mit den Schultern zucken – 18 **se débarrasser de qc/qn** etw/ jdn loswerden – 18 **une mouche** Fliege – 18 **collant** *ici : fam* qui reste toujours près de qn – 18 **s'éloigner** aller plus loin – 20 **serrer les dents** *fpl* die Zähne zusammenbeißen – 22 **s'enfuir** partir très vite

1

Ma mère

Dix heures du matin, j'ai encore sommeil. Il ne se passe rien, mon réveil ne hurle plus. J'ai définitivement arrêté la sonnerie sur mon dernier jour de collège : c'est un bibelot comme les autres, maintenant, au milieu du fouillis de ma chambre. Enzo pense qu'on aime vivre dans le désordre pour camoufler le vide de la vie. Un vrai philosophe ! Lui et moi, on se connaît depuis tout petits, alors j'ai eu le temps de m'habituer à ses phrases.

Dans la pénombre, je distingue la masse des choses qui encombrent tout. Ça ne me donne pas envie de bouger mais de me calfeutrer dans mon rêve en écoutant un peu de musique. Je cherche mon mp3 à tâtons... Voilà.

Des poussières très fines dansent sur un rayon de lumière qui filtre au travers des volets fermés. Cette petite lumière en suspension dans ma vie m'aide à m'extirper du lit, à me hisser vers le jour malgré tout. Les cours, c'est fini. Je viens d'avoir 16 ans, le 2 juillet, exactement le dernier jour du collège, et je ne sais pas encore ce que je vais faire de mon été ni à la rentrée. Pourtant, je suis inscrite en seconde. Ça se fait automatiquement à partir du moment où les profs sont d'accord et que ça correspond à nos vœux. Il faut dire qu'en février, quand le collège a demandé aux élèves de troisième de préciser leurs vœux d'orientation, comme j'avais envie de continuer, j'ai demandé une seconde pour

---

2 **avoir sommeil** *m* [sɔmɛj] avoir envie de dormir – 3 **°hurler** [ʏʀle] crier très fort – 4 **un bibelot** un objet décoratif – 5 **un fouillis** [fuji] quand des affaires ne sont pas rangées – 6 **camoufler** cacher – 9 **la pénombre** quand il y a peu de lumière – 9 **distinguer** reconnaître – 10 **encombrer** ≠ faire de la place – 11 **se calfeutrer** *ici : fig* s'isoler – 12 **à tâtons** en s'aidant de ses mains – 13 **une poussière** Staubkorn – 13 **un rayon** [ʀɛjɔ̃] **de lumière** Lichtstrahl – 14 **filtrer** *ici :* passer – 14 **un volet** Fensterladen – 14 **en suspension** *f* schwebend – 15 **s'extirper** sortir difficilement – 15 **se hisser** se lever – 21 **un vœu** un souhait, une envie

me diriger vers un bac L. Avec mes notes, surtout en français et en
histoire, les profs n'ont pu que m'encourager à poursuivre. Mais,
d'un autre côté, ma mère et ses problèmes d'argent et de fatigue
freinent tout.

5   Quand j'ai essayé de parler de mon « avenir » avec elle, elle
s'est mise à crier dans le couloir de l'immeuble qui lui sert de
forum :
    – Pas question que je t'entretienne jusqu'à 25 ans avec mon
salaire de misère !
    J'ai bien tenté de lui expliquer qu'à mon âge c'est trop tôt
10 pour trouver du travail en dehors des jobs d'été, car les patrons
n'embauchent qu'à partir de 18 ans, et encore, avec des BEP, CAP,
bac... J'ai voulu lui dire que j'aimerais poursuivre après le collège
ou au moins en rêver, pour voir si je peux m'en sortir, mais elle
n'a rien voulu entendre.
15 Quelques hurlements banalisés de voisins ont renchéri, pour
la forme et pour le bruit, puis tout a très vite repris sa place :
le journal de 20 heures à fond chez les Raulier, la mère Dalal
hurlant au téléphone chaque soir à cause de son tympan crevé par
une explosion en Palestine, la fine pellicule de poussière sur les
20 meubles Henri II du salon sans le petit rayon de lumière qui la fait
danser. La routine indéracinable. Ma mère qui criait, qui criait.
    Elle a le sens des réalités. Elle connaît les limites humaines.
Surtout les siennes. Elle s'interroge tout haut :
    – Qu'est-ce que je vais bien pouvoir faire de ma fille, maintenant,
hein ?

---

1 **se diriger** aller – 1 **un bac L** Abitur mit Schwerpunkten Literatur und Philosophie – 4 **freiner**
verlangsamen – 7 **pas question** *fam* auf gar keinen Fall – 8 **de misère** *f* très bas – 9 **tenter**
essayer – 10 **en dehors de** außer – 10 **un patron** un chef – 11 **et encore** und selbst das nur –
11 **un BEP** (Brevet d'études professionnelles) Berufsschulabschluss – 11 **un CAP** (Certificat
d'aptitude professionnelle) Zeugnis für eine abgeschlossene Berufsausbildung – 13 **s'en sortir**
fam réussir – 15 **un hurlement** → hurler p. 11 – 15 **renchérir** *ici :* se faire entendre à nouveau –
17 **à fond** *fam* sehr laut – 17 **la mère...** *fam* die alte... – 18 **un tympan** Trommelfell – 18 **crever**
ici : platzen – 19 **une pellicule** Schicht – 20 **des meubles Henri II** *ici :* des meubles de style
Henri II – 21 **indéracinable** *ici :* qu'on ne peut pas changer

Son refrain quotidien. Elle a peur que je traîne trop longtemps chez elle. Avec son salaire, elle ne peut pas. Je suis son boulet, un poids. Pourtant, je ne pèse pas lourd, presque trop maigre, à ce qu'il paraît. Quelques « poussières d'étoiles ».

J'ai relevé cette expression dans un livre de Carl Sagan, un savant astronome américain. Grâce à lui, je sais que la poussière est cosmique et que, on a beau nettoyer, elle se déposera toujours, jusqu'à la fin des temps – message à faire passer à ma mère et à tous les malades du chiffon et de la *clean attitude*. La poussière est cosmique, respectez-la ou fichez-lui la paix. Je reprends, j'ai lu Carl Sagan. Chaque fois que je peux, je lis. Heureusement que les bibliothèques existent, sinon, vu le prix des livres ou plutôt vu le vide qui boursoufle mon porte-monnaie, je ne pourrais m'abreuver que de dépliants publicitaires dans les boîtes aux lettres fracassées ou de journaux gratuits, « p'tits papiers » de la chanson de Gainsbourg. Par chance, j'enregistre, j'absorbe les mots comme une éponge. Tous, sauf ceux de ma mère. Ils hurlent.

Ici, dans la cité, chacun crie pour se faire entendre. Les voisins, la télé, les chiens de garde enfermés… Surtout maman. Les profs du collège aussi. Ils se sont habitués au quartier des tours de la cité, même si eux ont un toit ailleurs ; l'ailleurs des pavillons de la Côte bleue. Au contact des quartiers, les profs ont muté comme de braves petits pantins du troisième millénaire. Ils ont pris l'habitude de porter un masque dur, pour éviter de se laisser réduire en miettes.

---

1 **traîner** *fam* rester – 2 **un boulet** Last – 3 **un poids** *ici* : Last – 3 **peser** wiegen – 3 **maigre** mager – 3 **à ce qu'il paraît** *fam* angeblich – 6 **un savant** → savoir – 7 **avoir beau faire qc** vergeblich etw tun – 7 **nettoyer** laver – 7 **se déposer** sich absetzen – 9 **un chiffon** Putztuch – 10 **ficher la paix à qn** *fam* jdn in Ruhe lassen – 13 **boursoufler** anschwellen – 14 **s'abreuver** boire *ici* : *fig* jds Lesehunger stillen – 14 **un dépliant** Faltprospekt – 14 **une boîte aux lettres** Briefkasten – 15 **fracasser** casser – 16 **Serge Gainsbourg** (1928-1991) célèbre chanteur français dont une chanson s'appelle *Les p'tits papiers* – 16 **enregistrer** *ici* : se souvenir – 17 **une éponge** Schwamm – 21 **même si** auch wenn – 21 **un toit** Dach – 21 **ailleurs** [ajœʀ] woanders – 21 **un pavillon** une petite maison – 22 **muter** se transformer – 23 **un pantin** une marionnette – 24 **réduire en miettes** *fpl fig* casser, détruire

13

Et les miettes, ça nous connaît, c'est notre pain quotidien. Mais les profs ne se rendent pas compte que, maintenant, ils ne portent plus de masque. Cette mine sèche et défraîchie qu'ils affichent, c'est leur vraie tête, celle de tous les jours, collée, indélébile, la seule qui leur reste. Sauf Mme Bizmuth, ma prof de français.

Elle, c'est différent. Pourquoi ? Ses yeux osent nous regarder vraiment en face. Elle ne crie pas pour se faire entendre, elle nous appelle par nos prénoms et les retient. Ce qu'elle nous dit a du sens et a quelque chose à voir avec la vraie vie, la nôtre... et elle m'a souvent parlé comme si j'étais quelqu'un d'important à ses yeux, bref, quelqu'un qui existe. Elle vient d'une planète où les gens se comprennent.

Le mardi 16 juin qui a suivi le dernier conseil de classe, elle m'a demandé d'attendre, à la fin du cours, pour écouter ce qu'elle avait à me dire. Je me rappelle chacun de ses mots, je les ai gravés dans ma tête, ils m'aident quand ça ne va vraiment pas.

– Tu es intelligente et sensible, tu parviens à t'exprimer à merveille, mais il faut ab-so-lu-ment que tu t'extirpes de cet univers noir dans lequel tu te vautres de plus en plus. Tu dois poursuivre les études et t'accrocher, continuer à lire. J'ai convoqué ta mère pour discuter de ton avenir avec elle, pour te soutenir dans ce sens. Tu es une jeune fille douée, Shayna ! Ce serait du gâchis de te laisser seule et en friche.

Je suis restée bouche bée un moment, puis je me suis éloignée après lui avoir sifflé dans le museau que de toute façon ma mère

---

1 **une miette** Krümel – 1 **ça nous connaît** *fam* on connaît ça bien – 3 **défraîchi** qui n'est plus aussi *frais* (frisch) qu'avant – 3 **afficher** *ici :* montrer – 4 **indélébile** qui ne peut pas disparaître – 6 **oser faire qc** avoir le courage de faire qc – 8 **retenir qc** *ici :* se souvenir de qc – 11 **bref** kurzum – 13 **un conseil de classe** quand les profs se retrouvent pour parler des résultats des élèves – 15 **graver qc dans sa tête** enregistrer qc – 17 **parvenir** *ici :* réussir – 17 **à merveille** *f* parfaitement – 18 **s'extirper** sortir – 19 **se vautrer dans** *ici : fig* aimer être dans – 20 **s'accrocher** *fig* continuer malgré les difficultés – 20 **convoquer qn** demander à qn de venir – 22 **doué** *ici :* talentueux – 22 **être du gâchis** *m* être dommage – 23 **être en friche** *fig* rester dans la même situation, ne pas progresser – 24 **rester bouche bée** garder la bouche ouverte parce qu'on est très surpris – 25 **siffler qc dans le museau de qn** *fam* crier qc à qn

ne se déplacerait pas jusqu'à elle, sauf sous la torture ou pour de l'argent. Où avait-elle trouvé que j'étais sensible ? À mon avis, elle pèche par optimisme : rien de « sensible » n'a survécu dans ce quartier... En dehors peut-être de Djamila, qui loge dans un squat au-dessus de la première station de métro de notre ligne. De la route, on ne le distingue pas, pourtant c'est là qu'elle habite, avec Sabri et leur bébé.

Djam et moi, on s'est rencontrées par hasard à la poste, quand j'ai compris qu'elle avait besoin d'aide pour remplir des papiers, pour une demande de logement. D'habitude, c'est son mari qui s'occupe de tout, mais ce jour-là, il fallait faire vite, il travaillait toute la journée, alors, exceptionnellement, il a fini par accepter qu'elle sorte et règle toute seule le problème puisqu'il n'y avait pas moyen de faire autrement. Cette fille m'a tout de suite frappée quand je l'ai vue. D'abord parce qu'elle est belle avec son regard en amande, ensuite à cause de son accoutrement, tous ces voiles, ces tissus sur elle qui ne parviennent pas à cacher sa beauté ; au contraire, ils maintiennent une espèce de mystère, un charme.

Djam m'appelle pendant que son mari sort pour acheter des cigarettes ou pour remplir le Caddie au supermarché. Elle est fatiguée et lui fume trop. Alors il devient irritable, nerveux, injuste. Ils laissent couler leur vie comme d'autres leur sang d'une blessure... lentement et sans arrêt. Rouge. Son mari ne veut pas qu'elle sorte, alors, à 19 ans, Djam est coincée à la maison avec son môme. Il est beau, mais il ne dort presque pas et l'épuise. Elle ne

---

1 **la torture** Folter – 3 **pécher** *ici :* faire une erreur – 4 **loger** habiter – 4 **un squat** [skwat] un lieu de vie improvisé, illégal – 10 **un logement** un appartement – 12 **finir par faire qc** finalement faire qc – 13 **puisque** parce que, car – 13 **il n'y a pas moyen** *m* **de faire qc** c'est impossible de faire qc – 14 **frapper** *ici : fig* impressionner – 16 **en amande** *f* en forme d'*amande* (Mandel) – 16 **un accoutrement** *ici :* les vêtements portés – 16 **un voile** Schleier – 17 **un tissu** Stoff – 18 **maintenir** *ici :* permettre – 20 **un Caddie** Einkaufswagen – 22 **couler** *ici :* abfließen – 23 **une blessure** Verletzung – 24 **être coincé** *fam* ne pas pouvoir sortir – 25 **un môme** *fam* un enfant – 25 **épuiser** fatiguer

peut pas se changer les idées, encore moins rire avec des filles de
son âge. Elle et moi, on n'a pas le droit de se voir, c'est pour ça que
j'attends son coup de fil avant de passer chez eux.

La semaine prochaine, c'est son anniversaire. Je tenterai une
5 visite dès que possible et lui apporterai le CD que j'ai « emprunté »
à la médiathèque. Il le fallait, sinon comment pourrais-je lui offrir
un cadeau ? Les bibliothécaires ne nous surveillent jamais comme
dans une boutique. L'antivol qu'elles placent sur la pochette du
CD ne sert à rien : aux toilettes, on se débarrasse du boîtier et le
10 tour est joué. Oui, mais voilà, j'ai décidé que ce serait la dernière
fois que je piquerais quelque chose à la bibliothèque.

Pendant la récré, après un débat en classe sur notre dernier
sujet de rédac de l'année, « Pensez-vous que la provocation soit
un moyen d'expression efficace ? », j'ai avoué mes vols à Mme
15 Bizmuth ; non pas pour me vanter ni pour la provoquer. En
réalité, c'était surtout pour lui expliquer que j'aime les livres, les
romans par lesquels je me sens concernée et dans lesquels je n'ai
pas l'impression qu'on nous prend pour des mômes, les livres
qui m'apprennent ce que je ne peux pas deviner toute seule et la
20 musique qui me fait voyager, ce que la prof appelle la « culture ».
J'en ai besoin, mais je n'ai pas les moyens de me les payer. J'ai
voulu qu'elle le sache. C'est important. Pendant le cours qui a
suivi la récréation, je me souviens, elle m'a fait passer un petit
papier plié en quatre. Dedans, elle avait recopié une citation qui
25 disait : « *Au moment où nous persuadons un enfant, n'importe quel
enfant, à franchir le seuil, le seuil magique d'une bibliothèque,
nous changeons sa vie pour toujours, pour le meilleur.* »

---

3 **un coup de fil** *fam* un appel téléphonique – 5 **dès que possible** aussi vite que possible –
8 **un antivol** Diebstahlsicherung – 8 **une pochette** *ici :* Schutzhülle – 9 **Le tour est joué !** C'est
aussi simple que cela ! – 11 **piquer** *fam* voler – 13 **une rédac** *fam* **une rédaction** un texte –
14 **efficace** effizient, wirksam – 14 **avouer qc** etw gestehen – 25 *Extrait de « Relié au monde »*
(« Bound to the World »), discours prononcé par Barack Obama (alors sénateur de l'Illinois)
à l'ouverture du congrès annuel de l'ALA (American Library Association), le 23 juin 2005 –
26 **franchir un seuil** [sœj] *ici :* passer par une porte, entrer

À midi, lorsque la sonnerie a retenti et que tous les autres sont partis déjeuner, je suis restée à mon bureau. Mme Bizmuth s'est approchée en m'expliquant :

– La bibliothèque, ou la médiathèque, est là pour subvenir à tous, riches et pauvres. C'est le plus démocratique des lieux culturels. J'approuve que tu le fréquentes, que tu empruntes des livres et que tu découvres les musiques du monde, le rap, le slam, les textes d'Abd al Malik... bref, tout ce qui te plaît, Shayna. Simplement, j'espère que peu à peu tu cesseras de dérober ce qui t'appartient déjà, à savoir ces CD de la bibliothèque. C'est un bien public, notre bien à tous.

Le message est passé. Je vais essayer de tenir parole. Même si je sais que Mme Bizmuth fait un peu de forcing avec ses mots de « bien public », je sens qu'elle est sincère, que ça n'est pas une leçon de morale, j'ai compris.

Enfin, pour en revenir aux profs du collège, maintenant pour moi, ils font partie du passé, mais pas Mme Bizmuth, pas elle dont j'ai gardé tous les petits papiers avec les citations pour comprendre le monde.

1 **retentir** se faire entendre – 2 **s'approcher de qc/qn** venir près de qn/qc – 4 **subvenir à qn** *ici :* être au service de qn – 6 **approuver qc** être d'accord avec qc, trouver qc bien – 6 **fréquenter un lieu** aller souvent dans un lieu – 8 **Abd al Malik** est un rappeur, slameur, écrivain français d'origine congolaise né en 1975. – 9 **cesser** arrêter – 9 **dérober** voler – 10 **à savoir** nämlich – 13 **faire du forcing** *fam ici :* essayer d'impressionner – 14 **sincère** honnête

17

2

L'humiliation

Dix heures trente et des poussières. Je m'extirpe du lit en enfilant le tee-shirt blanc que m'a donné Enzo pour mon anniversaire. Ça me rassure de le porter. Il est doux et tissé dans sa tendresse.
5   Bien sûr, je ne le lui dis pas, il ne comprendrait pas que je mette des mots sur cette chose tellement intime pour lui : l'affection, la tendresse, l'amour. Il hausserait les épaules et changerait de sujet, trop gêné. La « tendresse » souffre d'exclusion par ici. C'est un mot de femmes ou de filles... Enfin, le genre de truc qui plaît aux
10   minorités. Je suis une minorité à moi toute seule.

Dans la cuisine, je cherche quelque chose à avaler. J'ouvre le frigo. Odeur rance. Plus de lait. Sur l'étagère, la boîte de céréales est éventrée, vide. Maman n'a pas fait les courses depuis des jours et des jours. Elle mange là où elle travaille et, en plus, elle a
15   commencé un régime : son nouveau copain est un moniteur de natation musclé et bronzé. Alors, comme ce n'est plus sa priorité, maman compte sur moi pour le ravitaillement :

– Tu n'as rien d'autre à fabriquer de ta journée. Rends-toi utile, ça t'occupera.
20   Sa façon à elle de faire de l'humour. De toute manière, elle ne me donne pas d'argent. Je ne vois pas comment je pourrais acheter quoi que ce soit. Alors les courses, je ne m'en occupe pas. Je résiste. Pourtant, j'ai faim. De beurre, de confiture de myrtilles, de brioches aux raisins, de lait chaud et fumant dans un bol... même

---

1 une humiliation → humilier demütigen – 2 et des poussières *fam ici :* et quelques minutes –
2 enfiler *ici :* mettre – 4 rassurer calmer – 4 tisser weben – 4 la tendresse Zärtlichkeit –
8 souffrir leiden – 11 avaler *ici :* manger – 13 éventré grand ouvert – 15 un régime Diät – 15 un moniteur de natation *f* Schwimmlehrer – 17 un ravitaillement → ravitailler *ici :* faire les courses – 18 se rendre utile sich nützlich machen – 20 de toute manière *ici :* sowieso –
22 quoi que ce soit irgendetwas – 23 une myrtille Heidelbeere – 24 une brioche Hefegebäck – 24 un raisin (sec) Rosine – 24 fumer *ici :* dampfen

ébréché. J'ai faim de ce qui ressemblerait à un vrai petit déjeuner. Comme dans les pubs à la télé. Pourtant, ces images-là me sortent des yeux. Je sais bien qu'elles sont filmées pour faire vendre du bonheur préfabriqué, comme certaines classes du collège. Dans les pubs, les mères sont toujours souriantes, compréhensives, bien habillées... Elles ont des voix douces ou sexy. Pas une ne ressemble à la mienne avec ses cheveux saccagés par les permanentes, son regard fatigué et ses mains abîmées par le ménage à fortes doses et sans vacances aux Seychelles ou ne serait-ce que dans les Alpes. Pas une ne s'habille comme elle, avec des trucs donnés par des copines aussi fauchées qu'elle ou achetés aux fripes le dimanche, du côté de Saint-Louis, quand il fait assez beau dans son cœur pour qu'elle accepte de se pencher, de marchander un chiffon qui a déjà servi. L'humiliation. Les boutons qui manquent et qu'elle remplace par d'autres qui leur ressemblent mais ne sont jamais vraiment pareils. L'humiliation. Un ourlet défait qui livre la couleur de dessous nettement plus fraîche. L'humiliation, ma mère. L'humiliation.

Même si les pubs trichent, je sens que les choses les plus simples – le lait chaud, les mères souriantes et bien dans leur peau – existent quelque part pour des enfants, des jeunes. Ça existe. Ailleurs. À la campagne, dans les maisons avec des jardins. À la médiathèque certains jours, je croise des mères « idéales », jolies, encore jeunes, pleines de mots de tendresse pour leurs enfants. J'ai honte de ma vie, un peu, honte en silence.

Je donnerais beaucoup pour un bol de lait partagé avec quelqu'un de ma famille qui m'aimerait et que j'aimerais. La famille, c'est un

---

1 **ébréché** un peu cassé – 2 **sortir des yeux** *fam* unausstehlich sein – 5 **compréhensif** qui a de la patience – 7 **saccagé** *ici* : ruiniert – 7 **une permanente** Dauerwelle – 8 **abîmé** beschädigt – 9 **ne serait-ce que** oder auch nur – 11 **être fauché** *fam* ne pas avoir assez d'argent pour vivre – 11 **les fripes** *fpl* un marché aux vêtements vendus à bas prix – 13 **se pencher** sich bücken – 13 **marchander qc** parler avec le vendeur pour faire baisser le prix de qc – 13 **un chiffon** *ici* : un vêtement – 14 **un bouton** Knopf – 15 **pareil** le même – 16 **un ourlet** Saum – 16 **livrer** *ici* : montrer, laisser voir – 17 **nettement** clairement – 18 **tricher** *ici* : ne pas montrer la réalité

rêve mais j'y tiens. Ma mère n'a pas le temps, ni l'argent, ni l'envie d'être ma famille. Alors j'ai Enzo. Enzo et la mer...

Depuis le début du mois de juillet, il travaille au Casino du coin, pour l'été. Il s'occupe des palettes, des stocks... bref, il est occupé jusqu'à la rentrée de septembre. On est moins souvent ensemble dans la journée, mais le soir on se retrouve.

Lui et moi, quand on s'est embrassés la première fois, j'allais avoir 14 ans. C'était en juillet, comme aujourd'hui ; on revenait du petit port de Niolon où on s'était baignés jusqu'au soir. Je me souviens, j'avais le dos en feu à cause d'un coup de soleil. Quand il m'a pris la main, ça m'a fait comme une décharge dans tout le corps. Il a dû ressentir la même chose que moi, car, après, on s'est contemplés longtemps puis, en avançant son visage vers le mien, il a doucement repoussé une mèche de cheveux sur mes cils et m'a embrassée. J'ai fermé les yeux, oui. Enzo et moi, on s'aime depuis tout petits mais en silence, comme des muets qui savent. Pour ces choses-là, on n'a pas forcément besoin des mots.

J'ouvre une boîte de thon et l'avale avec quelques gouttes de citron dessus en rêvant de tartines. J'ai un peu mal au cœur. J'aimerais partir sur un bateau. Je rêve. Non, pas vraiment. C'est arrivé l'été dernier, avec Christian, un médiateur de la cité qui organise chaque année des voyages jusqu'aux îles du Frioul et du château d'If en face de Marseille, pour les enfants et les ados qui ne partent pas en vacances. Depuis, j'ai envie d'y retourner.

De la fenêtre de la cuisine, j'aperçois la mer, les voiliers qui prennent le vent comme sur une carte postale bébête qu'on

---

1 **tenir à qc/qn** aimer beaucoup qc/qn – 3 **du coin** *fam* d'à côté – 9 **Niolon** petit village près de Marseille – 11 **une décharge (électrique)** (elektrischer) Schlag – 12 **se contempler** se regarder – 14 **repousser** *ici :* mettre sur le côté – 14 **une mèche de cheveux** Haarsträhne – 14 **un cil** [sil] Wimper – 16 **un muet** une personne qui ne peut pas parler – 17 **ne ... pas forcément** nicht unbedingt – 18 **un thon** Thunfisch – 18 **une goutte** Tropfen – 19 **j'ai mal au cœur** *ici :* mir ist schlecht – 25 **un voilier** Segelschiff – 26 **bébête** *fam* pas très raffiné

m'enverrait gratis chaque jour. Blanc et bleu. C'est beau à s'en faire
sauter les yeux. Pour moi, la France avec ses frontières s'arrête là,
sur le rivage. La mer n'est pas un pays ni une barrière. Elle est libre,
elle bouge... J'aime la mer. Djamila vient de l'autre côté du rivage :
elle et moi, nous avons la même mer.

Je jette la boîte vide dans la poubelle surchargée. Elle fait un
bruit de casserole dépareillée, un son abîmé de cascade éventrée.
Machinalement, je lave la vaisselle qui traîne dans l'évier depuis
hier soir : deux assiettes en Formica et quelques fourchettes avec
des couteaux fatigués. Je nettoie cette petite réalité, l'essuie et la
range. Puis je prends mon sac, l'accroche sur mon dos et sors.

La lumière de l'été, forte, mange les murs et les ombres minuscules
qui s'y réfugient. Elle absorbe la colère qui navigue dans mes yeux
quand je pense à ma mère. Et j'y pense souvent. C'est ma mère, elle
rime avec colère.

---

1 **se faire sauter les yeux** *fam* blind werden – 3 **un rivage** un bord de mer – 6 **surchargé**
trop plein – 7 **une casserole** Topf – 7 **dépareillé** *ici :* qui ne fait pas partie de la même série
de casseroles – 7 **une cascade** Wasserfall – 8 **machinalement** sans réfléchir – 8 **un évier**
Spülbecken – 9 **le Formica** la mélamine – 9 **une fourchette** Gabel – 11 **accrocher** *ici :* attacher –
12 **une ombre** Schatten – 12 **minuscule** [minyskyl] très petit – 13 **se réfugier** Zuflucht finden –
13 **naviguer** *ici :* s'animer

3

Station cul-de-sac

Ce matin, 8 juillet, première bonne nouvelle depuis longtemps, je suis partie chercher les résultats du BEPC... que j'ai réussi haut la main ! Maintenant, je me sens mieux, c'est important pour moi : mon premier examen dans la poche devient une raison de plus pour continuer en seconde. Il va falloir que je tente le coup, que je décide ma mère. Enzo aussi a réussi, il m'a appelée après avoir regardé les résultats sur Internet, à la médiathèque. Moi, j'ai voulu vérifier de mes propres yeux, sur le papier, j'en ai eu besoin. Alors je suis partie consulter les listes devant l'établissement où j'ai planché.

Mme Bizmuth s'est déplacée elle aussi, pour féliciter ses élèves. On a parlé, longtemps, surtout elle. Cette prof est douée pour les mots ; c'est quelqu'un de convaincant. Avant de s'éloigner, elle a ajouté :

– Je vais rencontrer ta mère pour t'aider à la décider. Vous allez remplir un dossier de demande de bourse d'études. Normalement, les établissements délivrent ces dossiers à la rentrée de septembre, mais je vais intervenir pour que tu puisses retirer le tien dans les jours qui viennent et obtenir un accord de principe une fois que tu l'auras rempli, fait signer par ta mère et remis au secrétariat. Après, ce ne sera qu'une question de patience, crois-moi. Cette bourse, tu y as droit et tu la mérites d'autant plus maintenant, avec tes excellentes notes au BEPC. Vous ne roulerez pas sur l'or avec ta mère mais, au moins, ce sera réalisable. Allez, courage, Shayna !

---

1 **un cul-de-sac** [kydsak] Sackgasse – 3 **BEPC (Brevet d'études du premier cycle)** l'examen passé à la fin du collège – 3 **haut la main** *ici :* avec de très bons résultats – 6 **tenter le coup** *fam* essayer – 10 **un établissement (scolaire)** une école – 11 **plancher** *fam ici :* passer un examen – 17 **un dossier** *ici :* un formulaire – 17 **une bourse d'études** de l'argent pour financer des études – 18 **délivrer** donner – 19 **intervenir** *ici :* sich einsetzen – 19 **retirer** *ici :* prendre – 20 **une fois que** après que – 21 **remettre** redonner – 23 **d'autant plus** encore plus – 24 **rouler sur l'or** *fam* être riche

22

J'ai haussé les épaules mais cette fois, je n'ai rien trouvé à redire car la prof a raison. Et puis… Enzo continue vers un bac pro, il me donne du courage, lui aussi.

Oh ! le métro des quartiers nord de la ville. Station Bougainville. Les gens dans leurs habits d'été s'entassent en silence. Un enfant pleure. Un parfum de crème solaire traîne entre les sièges. Au fond de la rame qui prend de la vitesse, debout, un vieux avec un bonnet tricolore chante en s'accompagnant d'une guitare désaccordée. Après, quand il a suffisamment usé sa voix pour des sourds dans mon genre, il passe avec sa main tendue :
– Un p'tit quelque chose pour nourrir l'artiste, s'iou plaît.
Je suis mal à l'aise et j'ai honte aussi de ma lâcheté et de mon manque de pesetas, comme chaque fois. Je ne lui donne rien. Ma bourse est vide. Et même, je lui en veux pour ce qu'il laisse traîner en moi, après, quand il ne reste plus de lui que l'odeur avariée de son tabac à rouler. Regrets, remords, impuissance.
Dans la rame, juste en face de moi, un homme qui vient de s'installer me mate en insistant, lourd comme un vingt tonnes. Ça me brûle là où il regarde. Je tourne la tête vers la vitre qui me reflète pour qu'il m'oublie. Mais, au travers de la grande mèche qui protège mes yeux de l'extérieur, je le sens toujours là. Terriblement. Maintenant, il frotte ses genoux contre les miens. La petite vieille d'à côté n'a rien remarqué, ou plutôt elle fait semblant, j'en suis sûre… Elle doit être lâche comme moi, comme tous ici. Si l'homme continue, je vais faire une crise d'asthme. Ça commence,

---

1 **redire** *ici :* répondre – 2 **pro** professionnel – 5 **un habit** un vêtement – 5 **s'entasser** sich zusammendrängen – 6 **un siège** Sitz – 7 **une rame** *ici :* le métro – 8 **tricolore** à trois couleurs *fpl* – 8 **désaccordé** verstimmt – 9 **suffisamment** assez – 9 **user qc** *ici :* etw strapazieren – 9 **un sourd** une personne qui ne peut pas entendre – 10 **tendre** ausstrecken – 12 **la lâcheté** *ici :* le manque de courage – 13 **la peseta** *fam ici :* l'argent – 14 **en vouloir à qn** être en colère contre qn – 15 **avarié** *ici :* devenu mauvais – 16 **l'impuissance** ne pouvoir rien faire – 18 **mater** *fam* regarder – 18 **un vingt tonnes** *fam ici :* un camion de vingt tonnes – 19 **brûler** brennen – 19 **une vitre** *ici :* une fenêtre – 22 **frotter** reiben – 23 **faire semblant** faire comme si

je panique. Je me sens mal. Ma respiration devient de plus en plus
sifflante, mes poumons vont bientôt brûler de l'intérieur. La rame
ralentit.

À l'arrêt suivant, je me propulse compulsivement vers la porte
coulissante, dans la cohue, malgré les gens qui râlent et une vieille
femme qui me pince le bras en se retenant à moi comme elle peut.
Je me dégage et fonce sur le quai. Au passage, je bouscule les gens
qui attendent pour monter, surtout un gamin qui, déséquilibré,
trébuche. Sa mère pousse un cri et commence à pleurer comme
une hystérique. Paniquée, je ne m'arrête pas. J'accélère, je remonte
vers la rue et ne ralentis que lorsque la lumière du soleil pénètre
mes poumons et mes yeux moisis par l'obscurité du métro. Là,
d'un seul coup, je pousse un long hurlement à l'intérieur. Personne
d'autre que moi ne l'entend. Il me soulève les oreilles, le cœur, et
me libère les poumons.

À l'air libre, ma respiration se calme, je marche vers la ville d'en
haut. Là-bas, il y a toujours un peu de vent, et l'hôpital où ma mère
travaille comme femme de salle. Il faut qu'elle me donne un peu
d'argent en attendant que je trouve un job d'été pour l'aider. C'est
difficile, car beaucoup de gens n'ont pas de travail, dans ce quartier
encore moins qu'ailleurs.

Et puis je ne veux plus perdre mon temps à comptabiliser les
cabines incendiées, les chiens écrasés par Rox Man et sa bande. Je
ne veux pas traîner indéfiniment ma vie dans les « rues fleuries »
de la cité, le nez en l'air vers le ciel, pour compter les antennes
satellites des tours.

---

2 **sifflant** → **siffler** pfeiffen – 2 **un poumon** Lunge – 3 **ralentir** aller moins vite – 4 **se propulser**
aller très vite – 4 **compulsivement** zwanghaft – 4 **une porte coulissante** Schiebetür – 5 **la
cohue** la foule (Menschenmenge) – 5 **râler** parler en montrant qu'on n'est pas content –
6 **pincer** zwicken, kneifen – 7 **se dégager** se libérer – 7 **foncer** *ici* : courir très vite – 7 **au
passage** *ici* : sur mon chemin – 7 **bousculer** drängen – 8 **un gamin** *fam* un enfant –
8 **déséquilibré** → **l'équilibre** – 9 **trébucher** *ici* : stolpern – 9 **pousser un cri** crier – 10 **accélérer**
aller plus vite – 11 **pénétrer qc** entrer dans qc – 12 **moisir** devenir mauvais – 12 **l'obscurité**
f quand il n'y a pas de lumière – 14 **soulever le cœur** *expr* den Magen umdrehen – 18 **une
femme de salle** une employée dans une cantine, un restaurant – 22 **comptabiliser** [kɔ̃tabilize]
ici : compter – 23 **une cabine** *ici* : une cabine téléphonique – 23 **incendier qc** mettre le feu à
qc – 24 **indéfiniment** pour toujours

Je veux penser à Enzo, trouver une solution pour la rentrée de septembre. Mme Bizmuth est décidée à rencontrer ma mère coûte que coûte, mais c'est perdu d'avance, je la connais, elle s'éclipsera avant même que la prof n'ait prononcé un mot. Il faut pourtant arriver à la décider.

2 **coûte que coûte** à tout prix – 3 **c'est perdu d'avance** es ist verlorene Mühe – 3 **s'éclipser** partir discrètement – 4 **avant même** noch bevor

4

Djamila

Je change d'avis au dernier moment et bifurque vers le squat de Djamila pour lui apprendre la bonne nouvelle et lui souhaiter un joyeux anniversaire (même si ce n'est que demain).

Pour savoir si la voie est libre, je l'appelle sur le mobile rafistolé et débridé que m'a donné le père d'Enzo pour être joignable « en cas de pépin » (je le cite). Trois sonneries, et elle décroche. Tout va bien, Sabri, son mari, est sorti. J'enjambe un mur qui s'écroule avec un tas de mégots écrasés dessus. Le soir, la nuit, Sabri et d'autres viennent fumer derrière ces pierres pourries. Djam n'aime pas que son bébé respire la fumée des cigarettes, alors Sabri sort. Elle pense aussi que ces poisons coûtent bien trop cher. « Argent, trop cher ! » Un refrain que chante ma mère une fois l'an... Un vieux morceau qu'elle écoutait quand elle était toute jeune, toute belle, toute douce... enfin, je crois. Pour la douceur, il est possible que j'invente, car je ne l'ai pas vécu, et pour moi ça reste de la préhistoire.

J'entre sans frapper, en me faufilant sous les planches qui semblent tenir le mur du sud. Ici, rien ne va, tout est à réparer, ou presque. Sabri prétend que ça ne sert à rien de rafistoler la misère, car, comme une galère, elle revient tout le temps.

Djam, heureuse pour moi de ma réussite au BEPC, prépare un thé à la menthe en me souriant. Une poignée de feuilles fraîches, un peu de thé vert... Elle porte son bébé contre sa hanche, très naturellement, et lui, tranquille, dort comme ça.

---

2 **bifurquer** changer de direction – 5 **une voie** ici : un chemin, une route – 5 **rafistoler** réparer plus ou moins bien – 6 **débrider** ici : débloqué – 6 **joignable** erreichbar – 6 **en cas** m **de pépin** m fam s'il y a un problème – 8 **enjamber qc** passer au-dessus de qc – 8 **s'écrouler** ici : se casser – 9 **un tas** Haufen – 9 **un mégot** Kippe – 9 **écraser** ici : marcher sur une cigarette pour l'éteindre – 10 **pourri** en mauvais état (Zustand) – 17 **se faufiler** ici : schlüpfen – 17 **une planche** Brett – 20 **une galère** fig fam un problème – 22 **la menthe** Minze – 22 **une poignée** Handvoll – 23 **la hanche** Hüfte

– C'est le contact qui compte avec les petits, dit toujours Djamila.

Je la regarde qui casse le long pain de sucre et enfonce des morceaux blancs dans la théière. Elle est belle, même avec son voile sur la tête. D'un geste de la nuque, elle le fait glisser et le saisit entre ses dents.

– J'ai trop chaud avec ça !

On éclate de rire en même temps ; soudain, elle me fait signe de me taire, l'index devant la bouche. Hum, ça n'est pas aujourd'hui encore qu'on pourra discuter, boire un thé chaud ensemble en rêvant d'ailleurs, non. Un bruit derrière les planches... Sabri approche ! Vite, il faut que je m'éclipse.

Chaque fois que je peux, je passe la voir, mais jamais longtemps, à cause du mari. Ils attendent un logement social dans les immeubles de la Bricarde ou de la Castellane. Ça traîne, je ne sais pas trop pourquoi, je n'y comprends rien, à toutes ces histoires, mais le résultat est qu'ils vivent dans un squat avec un enfant. De quoi rendre malades toutes les assistantes sociales des quartiers nord et même celles du Prado.

Sabri ne veut pas qu'elle reçoive de visites parce qu'il a peur. Peur que leur présence ici dans ce squat se sache et que les services sociaux les séparent... Peur que Djamila se fasse « contaminer » par nos mœurs de filles occidentales (là, ce sont ses mots à lui, autant dire qu'il exagère). Ils habitent ensemble ici depuis qu'il a obtenu un travail en CDI sur les chantiers et qu'elle a pu traverser la mer pour le rejoindre, il y a deux ans. Mais Sabri habite Marseille depuis plus longtemps, au moins cinq ans, quand un cousin lui a

---

3 **un pain de sucre** Zuckerhut – 3 **enfoncer qc dans qc** pousser qc à l'intérieur de qc – 5 **la nuque** Nacken – 5 **faire glisser** *ici :* laisser tomber doucement – 5 **saisir** prendre – 8 **faire signe à qn de se taire** *ici :* einen Finger vor den Mund legen als Zeichen, dass man schweigen sollte – 15 **traîner** *ici :* ne pas aller vite – 17 **de quoi** *fam* genug, um – 19 **le Prado** un quartier riche de Marseille – 23 **les mœurs** *fpl* [mœʀs] les règles morales – 23 **occidental** qui habite dans les pays de l'Ouest – 23 **autant dire que** *fam* cela veut dire que – 24 **exagérer** être excessif – 25 **un CDI (contrat à durée indéterminée)** unbefristeter Vertrag – 25 **un chantier** Baustelle

conseillé d'entrer dans la même entreprise de maçonnerie que lui.
Sabri ne s'est pourtant pas encore habitué, la différence est trop
dure d'un pays à l'autre. Il rêve toujours de son village, d'acacias.
Pour Djam, c'est différent. Elle s'adapterait bien, sortirait et vivrait
normalement, mais il a peur de ce qu'elle deviendrait. Alors il
la garde enfermée et fait les courses, y compris les achats qui la
concernent directement comme ses chaussettes, ses barrettes pour
les cheveux, ses serviettes hygiéniques... Moi, j'aurais honte que
mon mari fasse mes courses intimes. Je serais malheureuse de
rester enfermée ici, de ne pas choisir. Djamila est forte et patiente.
Je crois qu'elle ne pleure jamais. Et moi, je l'admire.

Avant qu'il n'entre dans la pièce parfumée à la menthe, je cache
le CD derrière la boîte de thé avec un clin d'œil pour Djam. Je
chuchote :
– Bon anniversaire ! Tu ne regarderas que demain, hein ?
Puis je disparais par la fenêtre, côté nord.

Je reprends ma route. Un regard vers la mer, et je me mets à courir
comme un lapin de garenne. Le squat est déjà loin. J'enjambe le
mur des fumeurs avec son figuier derrière, puis je rejoins la rue
et le bitume. Sabri n'y aura vu que du feu, pour cette fois. Et moi,
je n'ai pas eu le temps de souhaiter vraiment un bon anniversaire
à Djamila, de le fêter avec elle en buvant le thé, tranquillement,
comme deux amies. 19 ans ? Comment va-t-elle se débrouiller
pour écouter la musique sans qu'il s'en rende compte, sans qu'il
s'énerve et lui demande d'où vient ce CD ?
Trop tard pour les questions, hum ! Impossible de penser à tout.
L'amitié, comme le reste, est limitée par des détails qui peuvent
tout casser : l'ambiance, le calme, l'affection.

---

1 **la maçonnerie** Rohbau – 3 **un acacia** Akazie – 6 **garder qn enfermé** ne pas laisser sortir qn –
6 **y compris** einschließlich – 7 **une barrette** Haarspange – 8 **une serviette hygiénique** Binde –
13 **un clin d'œil** ouvrir et fermer un œil très vite – 14 **chuchoter** parler très bas – 17 **se mettre
à faire qc** commencer à faire qc – 18 **un lapin de garenne** Wildkaninchen – 19 **un figuier**
Feigenbaum – 20 **le bitume** l'asphalte f – 20 **ne voir que du feu** fam ne rien voir

5

Rendez-vous manqué

Depuis l'anniversaire de Djamila, le 9 juillet, j'ai pu lui parler au téléphone, savoir que son cadeau lui a plu et qu'elle l'écoute quand elle est seule dans la journée. Une coïncidence incroyable s'est produite : son mari lui a offert un petit lecteur de CD avec de la musique. Tout naturellement, elle a glissé celui que je lui ai offert avec les autres, dans la pochette prévue pour ça. Un beau hasard, pour une fois !

Quant à Enzo, il continue à travailler au Casino pendant que les gens bronzent sur les plages et que, de mon côté, je n'ai toujours rien en vue pour l'été... Rien en dehors de ma mère qui s'arrache les cheveux.

Quand Mme Bizmuth lui a donné rendez-vous comme elle me l'a promis après ma réussite du BEPC, ma mère lui a posé un lapin, comme prévu. Je crois même qu'elle n'est jamais allée à aucune réunion. Elle ne sait même pas à quoi ça sert. Enfin, c'est ce qu'elle dit. Ou plutôt non. Elle dit que parler ne sert à rien, surtout en ce qui me concerne. Alors elle crie.

Chaque soir, en rentrant du travail, elle me joue la même scène. Elle pose d'abord son sac boursouflé dans l'entrée, puis elle fait l'inventaire des trésors qu'elle rapporte de l'hôpital : sachets de thé déshydraté, rations de confiture à la fraise, médicaments aux noms compliqués qu'elle a peut-être volés... Tout un bazar inutile qui s'accumule dans les placards et que je ne touche jamais. Jamais ! C'est sa façon à elle de faire le marché, d'accumuler les rebuts pour se rassurer.

6 **glisser** *ici* : ranger – 7 **prévu** → **prévoir** vorhersehen – 9 **Casino** une marque de supermarchés – 11 **s'arracher les cheveux** *fam* perdre patience, s'énerver – 14 **poser un lapin à qn** *fam* ne pas aller au rendez-vous de qn – 16 **une réunion** *ici* : un rendez-vous avec les profs – 20 **boursouflé** *ici* : plein – 21 **un sachet** un tout petit sac – 22 **déshydrater** austrocknen – 22 **une fraise** Erdbeere – 25 **un rebut** ce qu'on met à la poubelle

Après, elle s'affale sur le canapé, jette un regard panoramique façon « tu n'as pas bien rangé la maison », soupire et parle du travail, de sa fatigue, de mes cheveux trop longs. Elle se lève, se rassoit, pleine de mouvements inutiles. Elle enclenche Radio Monte-Carlo, puis elle l'arrête en soupirant comme un train en gare. La voix cassée, elle m'explique cent fois qu'elle a déjà suffisamment « trimé » en m'élevant seule, sans père responsable pour la soutenir. Seule ! Et sa conclusion ne manque jamais d'arriver, tel un couperet définitif :

– Il est temps maintenant que tu te débrouilles, que tu me laisses respirer.

On dirait qu'elle a appris ces phrases par cœur. Chaque soir les mêmes mots, le même ton, son regard qui me traverse comme si j'étais une vitre sale. Il faut croire qu'elle n'a pas su me laver quand j'étais petite.

Et puis... maman, c'est du béton. Un mur. Pour en revenir au problème de mon orientation, elle ne connaît même pas mes notes et n'a jamais envie de s'y intéresser, car elle est persuadée que, dans le meilleur des cas, je finirai comme elle. Pour en arriver là, inutile de perdre son temps avec des discours « pédagogiques » et des réunions. Enfin, c'est sa philosophie de la vie (l'expression est de Mme Bizmuth). On ne peut pas grand-chose contre ça.

Ma mère n'envisage pas que je rentre en seconde en septembre ; pourtant, moi, je commence à y tenir. Sur les conseils de Mme Bizmuth, je viens de retirer un dossier de demande de bourse au secrétariat du lycée. En sortant du bureau de l'emploi (sans résultat), j'ai appelé Enzo au Casino pendant son travail. On a pu discuter, car son patron est parti pour la journée.

Enzo m'a raconté qu'il était monté sur le toit de sa tour hier et que, là-haut, c'était encore plus beau. Grand Littoral paraissait

1 **s'affaler** se laisser tomber – 2 **façon** *ici : fam* comme si elle pensait – 2 **soupirer** seufzen – 4 **enclencher** *ici :* allumer – 7 **trimer** *fam* beaucoup travailler – 7 **élever un enfant** ein Kind großziehen – 8 **soutenir** *ici :* aider – 8 **ne pas manquer de faire qc** toujours faire qc – 9 **tel, telle** comme – 9 **un couperet définitif** *fig ici :* endgültiger Schlag – 14 **une vitre** Glasscheibe – 19 **un cas** Fall – 22 **ne... pas grand-chose** *fam* nichts großes – 23 **envisager** in Betracht ziehen – 30 **Grand Littoral** un grand centre commercial de Marseille

30

petit comme une cage à lapins. Il a ajouté que la hauteur lui
donnait « un regard puissant d'oiseau qui vole au-dessus de la
mer ». Il délire, bien sûr ! Enzo aime bien faire comme s'il planait
dans la vie. Mais je le crois quand il me raconte qu'on voit mieux
la mer de là-haut. J'irai sur les toits, bientôt, avec lui. Seulement, 5
j'ai un peu peur de Rox Man et de sa bande. En bas, dans la rue,
il y a des gens pour intervenir si un problème ou une agression
se présente, on peut s'échapper ; mais, sur les toits, on n'a guère
qu'une issue, et personne pour nous aider si on se fait coincer.
Depuis quelques mois, j'ai l'impression que Rox Man et les autres 10
nous surveillent. Ils mijotent sans doute quelque chose. Un jour,
à la sortie du collège, Rox Man m'a dit qu'il m'aurait. Tôt ou
tard. Qu'il me ferait la même chose qu'à Monica Bellucci dans
Irréversible. Depuis, je me méfie. Je crois qu'il est dangereux, pas
seulement frimeur comme le prétend Enzo. On raconte des choses 15
graves qu'il aurait faites, avec ses copains, dans les caves. Des filles
se seraient plaintes, mais pas à la police. Peur des représailles. Enzo
croit que Rox Man passe son temps à se vanter, à faire peur à tout
le monde, mais qu'il n'a pas le courage de ses paroles, à part pour
écraser les chiens errants et voler des voitures déjà abandonnées 20
par de vrais bandits. Je ne sais pas quoi en penser.

---

1 **une cage** Käfig – 2 **puissant** mächtig – 3 **délirer** *fam* spinnen – 3 **planer** schweben –
7 **intervenir** aider – 8 **s'échapper** s'en aller, partir vite – 8 **ne … guère que** seulement – 9 **une
issue** une sortie – 9 **se faire coincer** *fam ici :* être découvert – 11 **mijoter qc** *fig* préparer
qc – 13 **Monica Bellucci** actrice italienne née en 1964 – 14 **Irréversible** film francais (2002) de
Gaspar Noé qui montre le *viol* (Vergewaltigung) d'une femme, jouée par Monica Bellucci –
14 **se méfier** faire attention – 15 **être frimeur** angeben – 15 **prétendre** behaupten – 16 **une
cave** Keller – 17 **les représailles** *fpl* Vergeltung – 19 **à part** außer – 20 **un chien errant**
streunender Hund

6

Un étau de tendresse

Aujourd'hui, le 14 juillet, Enzo ne travaille pas. Je vais faire escale chez lui. Enfin une journée entière rien que pour nous.

Son immeuble est juste en face du mien, ce sont des bâtiments
5 jumeaux. C'est là qu'un enfant de sept ans a disparu le mois dernier, sur le parking où il jouait avec ses grands frères. On raconte que les Roumains l'ont enlevé. Encore une rumeur : ça court les rues, ici. Dès qu'il se passe quelque chose, on brode, on accuse les uns puis les autres. J'ai bien noté malgré tout que c'étaient toujours les
10 mêmes qui portaient le chapeau (les Roumains, les Gitans...). Cette fois, il paraît que ce serait un gang de trafic d'organes. L'horreur. Je ne veux pas y croire, ça me donne mal au cœur. Non, vraiment, je n'y crois pas. Dans la cité, la rumeur est toujours plus réelle que ce qu'elle propage.
15 Enzo m'a fait remarquer que le journal que son père achète et lit chaque jour a démenti formellement. L'enfant serait en bonne santé chez un oncle dans le Nord. Alors, officiellement, tout est pour le mieux dans le meilleur des mondes. Tiens, encore une citation de Mme Bizmuth.
20 Cette prof, j'ai vraiment du mal à la sortir de ma tête.

Devant le hall, les poubelles obèses sont renversées et deux chiens les fouillent en grognant. Celui qui est mort a disparu, il était temps. J'évite les molosses à crocs en me dirigeant vers l'ascenseur complètement couvert de tags et de graphes. À hauteur

---

1 **un étau** Schraubstock, Klemme – 2 **faire escale** *ici :* faire une étape – 5 **jumeau** *ici :*
identique – 7 **enlever qn** kidnapper qn – 7 **une rumeur** Gerücht – 7 **courir les rues** *fig*
kursieren – 8 **broder** *fam* fabulieren – 10 **porter le chapeau** *fig* être responsable – 10 **un**
Gitan Zigeuner – 11 **un trafic** *ici :* Handel – 12 **ça me donne mal au cœur** es geht mir zu
Herzen – 14 **propager** verbreiten – 15 **faire remarquer qc à qn** jdn auf etw hinweisen –
16 **formellement** ausdrücklich – 18 **Tiens !** *expression de la surprise* Ah ! – 21 **obèse** *ici : fig* trop
plein – 21 **renverser** umkippen – 22 **fouiller qc** chercher dans qc – 22 **grogner** knurren – 23 **un**
molosse *fig* un gros chien de garde – 23 **un croc** [kʀo] Fangzahn – 24 **un ascenseur** Aufzug –
24 **couvrir** bedecken – 24 **un tag** un graffiti

de mes yeux, je lis « Basilic Instinct » tracé en bleu fluo. Pendant que j'attends, je perçois des pas derrière moi. Je me retourne et m'approche instinctivement de l'ascenseur, une espèce de peur dans le ventre.

Rox Man et un gars aux cheveux rasés comme lui surgissent 5 alors de nulle part, d'un seul coup. Ils ont dû me suivre. Je me raidis. Ils s'approchent, rapides comme la lumière, me bousculent et me serrent à m'étouffer. Je n'ai pas le temps de crier, de hurler, ils sont déjà sur moi.

– Bouge pas, ne crie pas, ma belle, et on te fera que du bien. On 10 est gentils, aujourd'hui, c'est la fête, profite !

– Je suis pressée.

Ils rient en montrant leurs canines. Rox Man continue :

– Nous aussi, ça tombe bien. On a besoin de passer un coup de fil. Donne ton portable. 15

Ma peur se transforme peu à peu en colère. Je suis une pile électrique chargée à bloc qui tente de répondre en gardant un ton neutre ou naturel :

– Je n'ai plus de batterie.

Il insiste. Avec son copain, ils forment maintenant une barrière 20 infranchissable qui m'empêche de m'éclipser en direction de la rue. Je serre les dents. Rox Man reprend, ses mains comme un étau se resserrant de plus en plus autour de mon épaule :

– Donne ton bip, on le chargera à l'arrache.

1 **Basilic Instinct** *jeu de mots sur le titre du film « Basic Instinct » (1992)* (**le basilic** Basilikum) – 1 **bleu fluo** Neonblau – 2 **percevoir** *ici :* entendre – 2 **un pas** Schritt – 5 **un gars** [gɑ] *fam* un type – 5 **surgir** apparaître tout à coup – 6 **se raidir** sich stemmen – 7 **bousculer qn** jdn drängen, schubsen – 8 **serrer qn** *ici :* être très près de qn – 8 **à** + *inf ici :* so sehr, dass – 8 **étouffer qn** jdn ersticken – 13 **une canine** Eckzahn – 14 **tomber bien** *fam* arriver au bon moment – 16 **une pile électrique** Batterie – 17 **chargé à bloc** plein d'énergie – 21 **infranchissable** impossible à *franchir* (überschreiten) – 22 **serrer les dents** die Zähne zusammenbeißen – 24 **un bip** *fam* un téléphone portable – 24 **charger** *ici :* redonner de l'énergie – 24 **à l'arrache** *fam* vite

Je ne bouge toujours pas, tétanisée, le regard vissé sur les voyants de l'ascenseur. La cabine approche lentement, lentement mais sûrement. Alors, Rox Man, qui s'impatiente, commence à me bousculer.

5 – Dépêche, tu entends ?

Je ne veux pas entendre, ni bouger. Les voyants que je ne quitte plus des yeux se mettent à clignoter comme des signaux de détresse, puis la porte s'ouvre. Cette fois, je crois que j'ai de la chance. Ça arrive, parfois. Enzo et son père découvrant la scène sortent de 10 l'ascenseur et se précipitent vers nous en criant :

– Eh, mecccccccccccccs !

Les deux crânes rasés desserrent leur étreinte et s'échappent en crachant :

– On reviendra, espèce de oufs ! Et on vous pourrira la vie avec 15 notre venin, sans prévenir. Vous ne nous échapperez pas. Ni elle ni toi, Enzo. Parole de Rox Man, c'est écrit.

– Qu'est-ce qui est écrit, Rox Man ? Tu ne sais pas écrire ! Rien que de la parole, de la fumée !

Rox Man se retourne vers Enzo et, avec de la haine pur jus dans 20 le regard, il lui envoie un geste de la main qui signifie la mort ; puis, les poings dans les poches, il disparaît avec son copain, qui lui emboîte le pas. Le père d'Enzo me tapote l'épaule gentiment pour me rassurer.

– Ce n'est pas la première fois qu'on les surprend. Ils font ça en 25 plein jour, à la vue de tous, dans le hall des immeubles ! Personne ne porte jamais plainte, par peur des représailles, pour ne pas faire de vagues.

---

1 **être tétanisé** ne plus pouvoir bouger à cause de la peur – 1 **vissé** *ici :* fixé – 1 **un voyant** une petite lampe – 7 **clignoter** s'allumer et s'éteindre très vite – 7 **un signal de détresse** *f* Notsignal – 10 **se précipiter** aller très vite – 11 **un mec** *fam* un type – 12 **un crâne** *fam* une tête – 12 **une étreinte** Umklammerung – 13 **cracher** spucken – 14 **espèce de oufs** *verlan* espèces de fous (ihr gaga) – 14 **pourrir la vie de qn** *fam* einem das Leben unerträglich machen – 15 **un venin** Gift – 16 **parole de Rox Man** Rox Mans Ehrenwort – 19 **la °haine** quand on déteste qc/qn – 19 **pur jus** *m ici :* fam rein – 21 **un poing** Faust – 22 **emboîter le pas à qn** suivre qn – 22 **tapoter** tätscheln – 26 **faire des vagues** *fpl fig* Wellen schlagen

34

Il se tourne vers son fils.

– Mais toi, Enzo, tu ne devrais pas les chercher comme ça. Un jour, ils finiront par t'avoir. Ces gars-là n'ont pas de limites. Tu entends ?

Je tremble encore un peu de rage et de peur mêlées. Enzo me prend la main. Sans un mot. Il la serre fort, comme un étau de tendresse.

2 **chercher** *ici :* provoquer –5 **trembler** zittern – 5 **mêler** mélanger

7

Destination profond

Le père d'Enzo est parti faire ses courses et son tiercé, seul. On est montés dans l'appartement et on a baissé les stores. Pendant une heure, on n'a rien fait d'autre que rêver. Au début, ça a été difficile, car j'avais gardé ma peur de Rox Man et de son copain. Une crainte mêlée à de la colère. Elle me travaillait encore de l'intérieur. Je sursautais pour rien, ne pouvais plus rester en place. Mais Enzo m'a rassurée. À un moment, il m'a même obligée à prendre une douche fraîche puis à m'allonger sur le canapé. Il m'a murmuré :

— Je suis là, avec toi. Ils ne peuvent rien contre toi. Tu peux avoir confiance en moi, Shayna. Tu n'es pas toute seule.

Et c'est là, très fort, à cet instant précis, que j'ai senti qu'il était ma famille, celle qui me protégeait et veillait sur moi. La seule famille dans le nid de laquelle je pouvais me blottir et rêver un peu. C'était si fort et rassurant dans ma tête que j'ai osé le lui dire. Ému, Enzo n'a pas répondu tout de suite. Puis il m'a serrée dans ses bras, doucement.

— Un jour, on la continuera, cette famille. On lui donnera un minot. Pas tout de suite. Quand on aura un peu grandi et avancé dans la vie. Il faut du temps et surtout du travail pour nourrir les bouches et les projets. Mais on la continuera. Je te le promets.

Alors peu à peu, j'ai retrouvé mon calme. On a parlé de la rentrée au lycée. J'ai raconté à Enzo que, pour le dossier de demande de bourse d'études, maintenant il ne me manquait plus que des photocopies et la signature de ma mère. Il a soupiré :

---

1 **destination profond** Ziel Tiefe – 2 **faire son tiercé** Rennwetten abschließen – 3 **baisser** *ici :* descendre – 3 **un store** Markise, Rollo – 5 **une crainte** une peur – 6 **travailler qn de l'intérieur** jdn nicht zu Ruhe kommen lassen – 7 **sursauter** zusammenzucken – 7 **rester en place** rester calme – 9 **murmurer** dire tout bas – 13 **veiller sur qn** auf jdn aufpassen – 14 **un nid** Nest – 14 **se blottir** sich kuscheln – 16 **ému** → **émouvoir** bewegen – 19 **un minot** *fam* un enfant – 20 **nourrir** *ici :* unterhalten

– C'est pas gagné, mais tiens bon, on va se retrouver dans le même lycée !

Ensuite, on a parlé de la mer, des voyages qu'on ferait plus tard, en famille. Un jour sûrement, on prendrait l'avion pour traverser l'océan. Bien sûr, ce serait dans longtemps. Avant, il nous faudrait mettre de l'argent de côté, avec nos rêves bien au chaud, dans nos bras serrés. Mais on y arriverait. À deux, ce serait plus facile.

Enzo, à ce moment-là, je l'ai découvert comme jamais encore je n'avais pu le faire. Je l'ai regardé comme pour le prendre en photo. Il était beau. Ses cheveux noirs, son visage mince et cette mèche qui cachait ses yeux collaient bien à sa façon de me fixer, la tête légèrement penchée, pour attirer mon attention... Et puis ses mains trop maigres toujours en mouvement, pour mimer les mots, donner de la vie à ses paroles... Enfin tout. Il me donnait des ailes à accrocher dans mon dos, des ailes pour quitter la cité, les quartiers nord de la ville. Partir.

On s'est serrés si fort qu'aucun air n'a plus réussi à passer entre nos visages, nez à nez, front à front, bouche à bouche. On s'est serrés à bout de souffle, comme en apnée, quand on plonge en mer pour longtemps, destination profond.

1 **tenir bon** durchhalten – 11 **coller à qc** *ici : fam* bien aller avec qc – 12 **pencher** *ici :* zur Seite neigen – 12 **attirer l'attention** *f* **de qn** jds Aufmerksamkeit erregen – 15 **une aile** Flügel – 18 **le front** Stirn – 19 **à bout de souffle** *m* außer Atem – 19 **l'apnée** *f ici :* Tauchen ohne Sauerstoffgerät

8

Le toit du monde

Le soir, des heures plus tard, quand son père rentre, Enzo et moi décidons d'aller contempler la mer du toit de l'immeuble, mais sans le lui dire, car sinon il nous l'interdirait. On doit faire attention à ce que personne ne nous repère. Surtout pas Rox Man, qui serait trop heureux de nous coincer là-haut pour nous faire du mal. Personne ne prête attention à nous. Tout a l'air très calme. On grimpe vite, silencieux comme des chats.

À présent on est là, Enzo et moi, sur le toit de notre monde, assis au bord du vide, face à la mer. On ne parle pas et, régulièrement, un goéland qui niche sur l'île du Frioul ou du château d'If nous frôle et s'éloigne vers son îlot en criant. Enzo fume cigarette après cigarette et m'en propose une chaque fois. Je refuse, à cause de la fumée qui me gêne pour regarder la mer et surtout parce que j'essaie d'arrêter.

C'est bizarre, cette impression de calme, d'immortalité qu'on ressent comme ça, au bord du vide. Et au loin, en bas, les bateaux sont comme des poussières sur une plaque de lumière. Enzo jette un paquet de cigarettes vide et le regarde tomber. J'ai un peu le vertige. On est si près du ciel... C'est la première fois. Enzo me sourit. On dirait qu'il est bien. On ne parle toujours pas, et il me prend la main. Il la serre un peu et, tandis que je me penche vers lui pour l'embrasser, je perçois un bruit de pas, derrière... Je me retourne, inquiète. Non, c'est rien. Je suis trop stressée. Il faut que je me calme. On est seuls ici. C'est le toit de notre monde, une piste d'atterrissage pour les rêves. Là, ma mère ne risque pas de me dire

---

5 **repérer** *ici :* voir, découvrir – 7 **prêter attention à qn** faire attention à qn, s'occuper de qn – 8 **grimper** monter – 11 **un goéland** große Möwe – 11 **nicher** nisten – 12 **frôler qn** *ici :* venir très près de qn – 12 **un îlot** une petite île – 14 **gêner** stören – 18 **une plaque** Platte – 19 **qn a le vertige** jdm wird schwindelig – 25 **une piste d'atterrissage** Landebahn – 26 **elle ne risque pas de faire qc** elle ne va sûrement pas faire qc

que je la gêne et que je lui prends son oxygène. De l'air, il y en a pour tout le monde.

Les mouettes nous frôlent et repartent vers le sud, sur la mer. Elles portent nos messages d'espoir vers un endroit où les limites n'existent pas. Je suis bien. Enzo embrasse ma main, j'embrasse la vie.

Tout à coup, la lumière et les couleurs fusent. Surpris, nous éclatons de joie devant les gerbes lumineuses et éphémères qui jaillissent de l'île du Frioul : 14 juillet !

3 **une mouette** Möwe – 7 **fuser** *ici :* in allen Seiten sprühen – 8 **éclater de joie** *f* vor Freude ausbrechen – 8 **une gerbe lumineuse** Lichtstrahl – 8 **éphémère** vergänglich – 9 **jaillir** herausschießen

9

Être libre

Depuis le problème avec Rox Man l'autre jour devant l'ascenseur, je fais très attention en sortant de l'immeuble. Je surveille la rue. J'ai peur que lui et sa bande me guettent dans un coin pour recommencer leur petit jeu du portable. Enzo essaie de ne pas me laisser seule mais, avec son travail, il n'est pas libre de son temps. Je crois que lui aussi se pose des questions même s'il ne veut pas trop en parler. Alors, on se balade de moins en moins. Djamila, que je n'ai pas vue depuis un moment, m'envoie des SMS : « Ne m'oublie pas ». Je lui réponds aussi souvent que possible... Jusqu'à quand ça pourra durer ? Si son mari découvre sa « correspondance » mobile, ça va swinguer pour elle dans le mauvais sens, elle va recevoir une belle engueulade. Seulement elle s'ennuie ou, pire, se morfond. Alors je la soutiens avec les moyens du bord. C'est comme ça.

Avec Enzo, on a pris l'habitude de grimper sur le toit de l'immeuble chaque fois qu'on a un moment, le soir et le dimanche.

Au début, on s'est inquiétés. On a imaginé que les gens nous repéreraient et préviendraient la police ou je ne sais trop qui, pour nous déloger de là-haut. Mais personne, jamais, n'est venu. Les gens ne voient rien, ils ne lèvent pas les yeux vers le ciel, car ils les font plutôt glisser vers leurs chaussures et le trottoir.

Alors, petit à petit, on s'est installé un nid sur le toit de l'immeuble.

J'ai raconté à Enzo que Mme Bizmuth, en classe, nous avait montré des photos de toits habités, au Caire, en Égypte : des gens vivent là-haut dans des maisons de fortune construites en

---

4 **guetter** *ici :* surprendre – 12 **ça va swinguer** [swiŋge] **pour elle dans le mauvais sens** *fam* elle va avoir des problèmes – 13 **recevoir une engueulade** *fam* einen Anpfiff bekommen – 13 **s'ennuyer** [sɑ̃nɥije] sich langweilen – 13 **se morfondre** *ici :* être triste parce qu'on ne peut rien faire – 20 **déloger** faire partir – 27 **de fortune** provisoire, de mauvaise qualité

pierres ou en carton, mais jamais vraiment solides. Tout ça à cause de la pauvreté, de la crise du logement qui parque les banlieues défavorisées plus près du ciel et des nuages. Une façon de refuser de les voir, de les oublier ? Je ne sais pas, en tout cas notre cabane sur le toit de l'immeuble m'y fait penser.

D'abord, Enzo et moi avons apporté des palettes que le Casino d'en bas où il travaille abandonne dans les conteneurs des poubelles. Ça n'a pas été simple pour les monter... Dix étages sans ascenseur – on risque gros à les empiler dans la cabine ! Puis elle est trop étroite – mais ça muscle les mollets et le reste. On a récupéré des planches, des objets dont les autres ne voulaient plus, et on a construit une vraie cabane. Planche après planche. Clou après clou. Comme un rêve d'enfants devenu réalité. Enzo a même pris la tente de son père et il l'a arrimée solidement à la cabane, pour que le vent, les jours de mistral ou de tempête, ne l'emporte pas. Pour le moment elle tient, accrochée à notre maison de bois comme une grande aile bleue arrondie par le vent. Dedans, on a posé un matelas avec un drap réquisitionné chez ma mère, celui dont elle se servait pour repasser. On a ajouté deux chaises en plastique blanc Grosfillex, une caisse avec un tissu mahorais dessus, pour lui donner un air joyeux. Familial. Comme une table basse. J'ai apporté des stylos et un cahier, pour écrire.

Certains jours, on vient boire une cannette de Coca en regardant le soleil se coucher, à l'ouest. On grignote des chips ou des biscuits. Enzo les prend dans le placard de son père, mais il le fait

---

3 **défavorisé** qu'on n'aide pas assez – 4 **une cabane** une maison simple et improvisée – 9 **empiler** stappeln – 10 **étroit** eng – 10 **le mollet** Wade – 11 **récupérer qc** ici : prendre qc qui a été jeté à la poubelle – 13 **un clou** Nagel – 14 **arrimer** attacher – 15 **le mistral** un vent fort qui souffle en Provence – 15 **une tempête** Sturm – 16 **emporter** ici : fortwehen – 17 **arrondir** ici : blähen – 18 **un matelas** [matla] Matratze – 18 **un drap** Bettlacken – 18 **réquisitionner** ici : fig prendre sans demander – 19 **repasser** ici : bügeln – 20 **Grosfillex** une marque de matériaux en plastique – 20 **une caisse** Kiste – 20 **un tissu** Stoff – 20 **mahorais** de Mayotte, une île française près de Madagascar – 23 **une cannette** Dose – 24 **grignoter** naschen

discrètement, pour éviter de lui mettre la puce à l'oreille. Personne
ne doit savoir, pour notre cabane sur le toit.

Quand on a fini une boîte de biscuits, on abandonne les miettes
aux mouettes. Elles plongent vers nous, virevoltent en criant.
Elles n'ont pas peur et parfois elles se posent tout à côté, sans se
préoccuper de nous. Hier, doucement, j'ai pu toucher l'aile d'une
toute jeune qui venait grignoter un biscuit fourré. Elle m'a laissé
faire puis, agacée, elle s'est envolée vers la mer. J'ai suivi son vol
longtemps. L'air a glissé sur mes ailes, la lumière est entrée dans
mes yeux, j'ai pris de la vitesse. Avec un léger vertige. J'étais libre !

1 **mettre la puce à l'oreille de qn** *fig* jdn hellhörig machen – 4 **virevolter** tourner en l'air – 5 **se préoccuper de qn** *ici :* faire attention à qn – 7 **fourré** mit etw gefüllt – 8 **agacer** énerver – 8 **s'envoler** wegfliegen – 9 **glisser** *ici :* gleiten – 10 **un vertige** Schwindel

L'hôpital et la charité

Aujourd'hui, j'ai décidé de marcher jusqu'à l'hôpital, pendant le service de ma mère.

Tout en haut de la ville, je préfère me déplacer à pied plutôt que de prendre le bus. Comme ça, je peux fumer tranquillement 5 (je n'ai toujours pas réussi à arrêter), regarder ce qui se passe autour de moi, sans angoisse ni bousculade. J'évite les remarques désobligeantes de ceux qui ne fument pas. C'est interdit. Les mères surtout, quand elles promènent leurs petits, se comportent comme des tigresses. Elles me grifferaient presque pour défendre 10 leur rejeton de la fumée et de mes regards qui s'attardent sur la douceur blottie, pelotonnée dans leurs bras. Et moi, quand je les vois dans cet état, j'ai mal au cœur. Non, je ne suis pas jalouse. Quelle idée ! Mais je ne me souviens pas d'avoir connu ça avec ma mère. L'attachement du cœur. Le nid chaud des bras qui protègent 15 du monde. Elle a toujours joué les indifférentes. Tellement bien, tellement vrai que j'y ai cru.

En haut, tout en haut de la butte, au détour d'un mur de pierres roussies comme si elles avaient brûlé avec les herbes sèches, je découvre la mer, immense, et les îles devant. Elle surgit là, 20 immobile à cette distance, mais inespérée. Presque blanche, entre les roches coupantes et desséchées. Elle est vivante.

---

7 **une angoisse** une peur – 8 **désobligeant** ≠ sympa – 9 **se comporter comme une tigresse** être agressive – 10 **griffer** kratzen – 11 **un rejeton** *fam* Sprössling – 11 **s'attarder** *ici* : s'arrêter un peu – 12 **se pelotonner dans les bras de qn** sich in jds Arme kuscheln – 13 **un état** Zustand – 16 **jouer les indifférent(e)s** *ici* : faire comme si on ne s'intéressait pas à qc/qn – 18 **une butte** Hügel – 18 **au détour de qc** *ici* : hinter einer Wegbiegung – 19 **roussir** prendre une couleur rousse (rouge orangé) – 19 **brûler** *ici* : vertrocknen – 22 **une roche** une pierre – 22 **dessécher** austrocknen – 22 **vivant** → vivre

La chaleur et la poussière font un shampooing mixte à la ville en contrebas. On dirait qu'une haleine chaude sort de la terre, des rues et des habitations. Mais, là où je suis, on sent l'air passer sur la peau, pour calmer. J'ai presque l'impression d'être à l'abri, dans le nid du vent. Ce doit être ça, ma famille. Un endroit où je me sens protégée et vivante. C'est si beau que je m'arrête un moment, dans cette rue qui pue l'urine sous la lumière crue de l'été à midi. Je suis dévorée par une joie trop forte pour moi, à laquelle je n'ai pas droit. C'est ce que je crois. Ce que je croyais... Ma ville rétrécie par la distance et la mer à ses pieds, je les prends en plein dans les yeux, sans filtre, destination le cœur... du moins ce qu'il en reste.

Des couloirs fades à perte de vue. Des gens en uniforme bleu, blanc ou vert, agités et pressés. D'autres abrutis par ce qui leur arrive. Les gestes au ralenti. Le poids des blessures écrites à même leur visage et l'odeur du propre aseptisé. Le blues du chlore. *Antiseptic Boogies.*

À l'accueil, derrière son Hygiaphone, j'interroge la grande blonde pâle-cheveux-nets-tirés-en-arrière qui admire ses ongles bleu marine. Elle me crache quelques mots :

– Elle est au deuxième étage, ta mère !

Pourquoi est-ce qu'elle crie quand elle me parle ? Qu'est-ce que je lui ai fait ? Rien, justement.

Je prends l'escalier. Je ne supporte plus les odeurs qui se dégagent de l'ascenseur. Au deuxième, je cherche ma mère, sans résultat. Les accidentés, je ne leur jette plus un regard depuis longtemps. Je file droit, sans m'attarder. Au début, quand je venais

2 **une haleine** *ici : fig* Lufthauch – 4 **être à l'abri** être protégé – 7 **puer** stinken – 7 **cru** *ici :* grell – 8 **être dévoré** *ici : fig* gequält sein – 9 **rétrécir** devenir plus petit – 12 **à perte de vue** interminable – 13 **agité** ≠ calme – 13 **être abruti par qc** durch etw benommen werden – 14 **au ralenti** *m* im Zeitlupentempo – 14 **un poids** *ici :* Last – 14 **une blessure** Wunde – 14 **à même** *ici :* sur – 15 **aseptisé** [asɛptize] stéril – 17 **un Hygiaphone®** Schalteröffnung – 18 **net,** *ici :* sauber – 18 **un ongle** Fingernagel – 22 **justement** eben – 23 **se dégager** *ici :* venir de, sortir de – 26 **filer droit** aller tout droit et vite

avec maman et que j'étais encore petite, je tombais souvent sur des cas désespérés. Je crois que ça m'a laissé quelque chose qui remue salement à l'intérieur de mon ventre... Une mauvaise soupe. J'ai souvent envie de la vomir, mais je n'y arrive pas. Alors ça continue à remuer.

Parfois, ma mère me dit qu'elle pourrait me trouver un boulot saisonnier ici, en remplacement. Mais, quand elle voit ma tête, elle se tait, soupire et se plaint de son sort. Non, je pourrais faire beaucoup de choses, mais pas ici. Je ressens trop la douleur des gens. Je suis une éponge. Leur mal entre facilement en moi et m'abîme le moral. Je ne sais pas comment ça se fait. Enzo appelle ça la « compassion ». Il dit que c'est un mot de son père. Je comprends que, pour eux, c'est important. Mais moi, je sais que je dois me protéger de la compassion.

Voilà ! J'aperçois ma mère. Elle est au fond du couloir, armée de son chariot et de ses seaux. Un attirail d'enfer pour jouer les repoussoirs. En me reconnaissant, elle soulève les épaules et secoue la tête. Clair, le message ! Pas de discussion possible. Je ne lui demande même pas pourquoi elle n'est pas venue au dernier rendez-vous proposé par la prof. Pourtant j'y pense, je n'arrête pas d'y penser depuis que Mme Bizmuth m'a promis de tenter de la convaincre, pour mon entrée en seconde.

Comme chaque fois, je l'embrasse sur une joue, mais sans la toucher : mon claquement de lèvres résonne dans le vide. Elle sent trop l'hôpital. Cette odeur qui lui colle à la peau, je la déteste. Elle ne la quitte jamais vraiment. Même après vingt douches.

---

2 **un cas désespéré** hoffnungsloser Fall – 2 **remuer salement** *ici : fam* unbehaglich rühren – 4 **vomir** ausspucken – 6 **un boulot** *fam* **saisonnier** un job d'été – 7 **en remplacement** *m* à la place de qn – 8 **se taire** ne rien dire – 8 **un sort** *ici :* une situation – 9 **la douleur** Schmerz – 10 **une éponge** → p. 13 – 10 **un mal** Schmerzen – 11 **abîmer** *ici :* strapazieren – 12 **la compassion** Mitgefühl – 15 **être armé de qc** porter qc – 16 **un chariot** Wagen – 16 **un seau** Eimer – 16 **un attirail** un ensemble d'accessoires – 16 **d'enfer** *m fam* geil – 17 **un repoussoir** *fam ici :* une personne avec laquelle on n'a pas envie de parler – 18 **secouer la tête** faire non avec la tête – 23 **une joue** Backe – 24 **un claquement de lèvres** *fpl* le bruit des *lèvres* (Lippen) quand on fait un bisou – 24 **résonner** ertönen

L'autre joue, je n'ai pas la force d'aller jusque-là. De toute façon, je comprends à la raideur de son corps qu'elle me rejette. Il faut encore que je respecte son intégrité (un mot qu'elle m'a appris), sa liberté, sa tranquillité... Sa fatigue. Elle n'aime pas la proximité. En tout cas, pas avec moi. Elle dit que les baisers, c'est de la bave qui sèche sur la peau. Parfois même, elle a des gestes avec la main, pour m'empêcher de m'approcher trop ou de me jeter dans ses bras. Elle a une peur terrible que je le fasse. En tout cas, c'est quelque chose que je sens chez elle. Et... je crois bien que cela fait dix ans... dix ans, oui, qu'elle ne m'a pas prise dans ses bras.

Je me souviens de la dernière fois qu'elle l'a fait : j'avais six ans. C'était mon anniversaire, et elle m'avait apporté le petit chat blanc d'une vieille qui venait de mourir, à l'hôpital. Il était tout seul, et personne n'en voulait, là-bas. Comme je serrais le minou contre ma joue, ma mère nous avait enlacés et nous avait bercés un moment, comme ça, sans rien dire. Puis le chat avait miaulé et ses bras s'étaient brusquement défaits de moi. Je me souviens encore de la chaleur qu'elle dégageait et du remue-ménage de sa vie contre ma joue.

---

2 **la raideur** → **raide** steif – 4 **la proximité** → **proche** nah – 5 **la bave** Spucke – 14 **un minou** *fam* Mieze – 15 **enlacer** umarmen – 15 **bercer** wiegen – 18 **un remue-ménage** Durcheinander

11

Le soleil tatoué

Je cours vers l'arrêt de bus après avoir vérifié que Rox Man ne traîne pas dans la rue ni aux alentours. J'arrive à le prendre de justesse. Je n'ai pas de carte d'abonnement. Il me reste trois tickets. Après, il faudra que j'évite les contrôleurs. Ma mère m'a royalement fait l'aumône de dix euros de monnaie en me demandant d'aller *illico* trouver un boulot pour l'été ou plutôt pour ce qu'il en restait. Je lui ai rétorqué :

– Je ne suis pas la seule à avoir des devoirs et des obligations, toi aussi tu en as !

Et j'ai ajouté que, la prochaine fois, il faudrait qu'elle accepte enfin de rencontrer Mme Bizmuth. J'ai même osé, pour la première fois, lui affirmer que je ferai la rentrée de septembre au lycée, en seconde. Elle n'a pas eu le temps de répliquer que déjà je m'éloignais, direction le bureau de l'emploi.

Là-bas, il y a toujours trop de monde. On attend des heures et c'est lugubre. J'ai honte d'y entrer, aussi. Des hommes m'abordent et me racontent leur vie en pleurnichant sur leur sort. Je préfère parler avec les éducateurs du foyer du centre de vie de la cité. Quelquefois, ils arrivent à faire bouger les choses et les gens. Ils ont des mots de couleur... Voilà, je parle comme les poètes ! Mais les mots, c'est important aussi. Ici, les gens de la cité ont plus tendance à agir sans passer par la case « mots », en dehors des mémères du quartier qui déblatèrent sur le prix du pain et de l'essence qui augmente depuis la préhistoire, oh ! là, là !

---

3 **les alentours** *mpl* Umgebung – 3 **de justesse** knapp – 5 **royalement** très généreusement – 6 **faire l'aumône** *f* donner de l'argent à une personne pauvre – 7 **illico** tout de suite – 8 **rétorquer** répondre – 17 **lugubre** triste – 17 **aborder qn** jdn ansprechen – 18 **pleurnicher** se plaindre – 19 **un foyer** [fwaje] une maison pour les jeunes – 23 **sans passer par la case « mot »** *fam* sans prendre le temps de parler – 23 **une mémère** *péj* une vieille dame – 24 **déblatérer** *fam* dire beaucoup de choses méchantes – 24 **l'essence** *f* Benzin – 25 **augmenter** *ici :* devenir plus cher

Les éducateurs du foyer pour les jeunes, eux, comment dire ? Ils utilisent les mots qu'il faut, comme Mme Bizmuth avec ses petits papiers et ses citations qui me font réfléchir. Ils savent trouver les bons, ceux qui ont un sens et, surtout, ils ne baissent pas les bras. On se sent moins seuls, ils ne nous jugent pas.

L'été dernier, en août, quand Enzo et moi sommes partis avec eux pour l'île du Frioul, en bateau, on n'a rien eu à payer, juste à se reposer en préparant des sandwichs au jambon ou au saucisson avec d'autres du quartier. Sur le bateau, là où on était assis, un peu d'eau et d'écume fraîche venaient s'échouer toutes les trente secondes ; je riais de plaisir à leur contact. Enzo et moi étions serrés très fort l'un contre l'autre. On faisait semblant de les éviter puis, après, humides et salés comme des poissons, on s'embrassait avec des rires plein la bouche. Quand je suis rentrée le soir, le soleil est resté collé sur ma peau. Tatoué, il ne partait plus, me rendait belle, dorée à l'or fin. Alors, j'ai écrit un poème de dix pages sur la mer. Je l'ai offert à Enzo. Il l'a accroché dans sa chambre, à côté d'un poster de Gainsbourg. Parfois, il le lit à voix haute. Il met le ton. Au début, je suis gênée. Puis quand même, au bout d'un certain temps, je me laisse aller. Sa voix devient plus grave, plus intime. Alors je n'ai plus honte de mes mots.

Ça m'arrive encore d'écrire, quand la maison est vide et que je suis calme. Je n'essaie pas d'inventer des rimes. C'est nul. Je ne slame pas non plus, il faut se mettre en scène et ce n'est pas dans mon caractère, non. Quand j'écris de la poésie, je parle surtout de la mer. Ici, dans les quartiers nord de la ville, on n'a pas grand-chose de beau mais on l'a, elle, la Grande Bleue. Elle existe pour nous aussi. Et même, je crois qu'on la voit mieux que ceux qui habitent au centre-ville, du côté du Vieux-Port, du quartier du Panier, au vallon des Auffes ou dans les maisons de riches de la Corniche et du Roucas-Blanc. Comme des oiseaux, on la prend d'en haut, des

---

4 **baisser les bras** *fig* abandonner – 8 **un saucisson** (luftgetrocknete) Salami – 10 **l'écume** *f* Meerschaum – 10 **s'échouer** auflaufen – 13 **humide** feucht – 13 **saler** → le sel – 16 **dorer à l'or** *m* **fin** vergolden – 18 **mettre le ton** den Ton anschlagen – 19 **au bout de** *ici:* nach – 20 **grave** *ici :* tief – 30 **un vallon** kleines Tal

collines, tout entière. Sa couleur n'est jamais la même. Enfin bref, elle est là pour nous aussi, c'est ça que je voulais dire.

Cet été, on n'est pas partis sur l'île du Frioul comme l'an dernier, car Enzo travaille depuis le début du mois de juillet, mais on reste en contact avec Christian, l'éducateur de quartier qui s'en occupe. Enzo a vendu la mèche en lui racontant que j'étais une poète depuis que j'avais pris la mer. Christian lui a répondu que lui aussi ; il lui a donné deux textes en expliquant que c'étaient des histoires à raconter, sans rime, sans vers, de celles qu'on peut dire à voix haute, comme le slam. Elles s'appellent « Quartiers nord », et « Une cité ». Je les ai trouvées belles et complètement vraies.

« Quartiers nord » est l'histoire d'une maîtresse de l'école de la Bricarde qui s'est fait agresser par la bande du grand frère d'un de ses élèves de CP. Il paraît que c'est une histoire qui est vraiment arrivée. « Une cité » est vue par des gens qui en sont partis un jour.

Christian aime bien préciser qu'il écrit de la poésie pour le plaisir ou alors pour partager avec les autres, et c'est tout. Il nous a confié qu'il distribuait régulièrement ses textes dans les boîtes aux lettres, pour les gens qui ne reçoivent jamais rien de bon et pour ceux qui sont seuls. De cette façon, en plus d'être « poétiques », ses textes deviennent utiles.

En l'apprenant, j'ai pensé que c'était un peu comme si Christian envoyait des bouteilles à la mer, et ça m'a fait sourire. J'aime bien cette idée.

5

10

15

20

25

1 **une colline** Hügel – 6 **vendre la mèche** *fig* Geheimnis verraten – 7 **prendre la mer** voyager en mer – 12 **une maîtresse** Grundschullehrerin – 13 **se faire agresser** être attaqué – 14 **le CP (cours préparatoire)** 1ère année d'école primaire – 14 **il paraît que** on dit que – 19 **confier** *ici :* anvertrauen

12

L'intruse

Quand je rentre de la médiathèque ce soir, ma mère, qui devait me guetter, se précipite à l'entrée de l'appartement et m'oblige à attendre derrière la porte, dans le couloir. Elle est bizarre, agitée.
5 Cette fois, j'ai vraiment l'impression de me transformer en un gros cheveu sur la soupe. Je n'en reviens pas. Elle est un peu décoiffée, habillée comme une fille de mon âge avec un top qui lui découvre le nombril. Elle porte une jupe moulante qui ne lui va pas. Elle est grotesque, le corps boudiné et alourdi. Mon impression doit se lire
10 dans mon regard. Elle rétorque :

– Quoi ? Tu n'aimes pas quand je suis coquette ? Qu'est-ce qui ne va pas ?

– Rien. Je peux entrer ?

– Justement, c'est LE problème.
15 – Je suis fatiguée, maman.

Elle soupire :

– Mais tu ne comprends pas que je ne suis pas seule ?

Elle baisse le ton :

– Il est là, dans le salon. Il boit une bière. J'ai besoin de me détendre,
20 moi aussi, de m'éclater. Je ne suis pas finie. Tu comprends ?

– Je comprends, oui. Mais laisse-moi entrer. Je ne vous gênerai pas, je vais dans ma chambre.

Je repousse le barrage qu'elle forme avec son corps tandis qu'elle secoue la tête d'un « non » définitif. Stationnant près d'elle, je suis
25 prise de nausée à l'odeur de parfum bon marché qu'elle dégage.

---

1 **un intrus** Eindringling – 3 **guetter** *ici :* attendre – 5 **(être) un cheveu sur la soupe** *fig* völlig ungelegen kommen – 6 **ne pas en revenir** *fam* ne pas pouvoir croire qc – 8 **le nombril** Bauchnabel – 8 **moulant** eng anliegend – 9 **boudiné** beengt – 9 **alourdi** qui est plus lourd – 19 **se détendre** se relaxer – 20 **s'éclater** *fam* s'amuser – 20 **être fini** *fam* être vieux – 21 **gêner** stören – 23 **repousser** wegschieben – 23 **un barrage** *ici : fig* une barrière – 23 **tandis que** pendant que – 24 **stationner** rester à la même place – 25 **être pris de nausée** se sentir mal – 25 **bon marché** pas cher – 25 **dégager** *ici :* verbreiten

Écœurée, je fonce vers ma chambre, mon île, ne jetant au passage qu'un œil dans le salon où je détecte un truc sombre avachi sur le canapé. Mais l'intruse ici, je sais que c'est moi, et pas lui, l'homme, l'inconnu, le dernier en date, celui qu'elle a pêché quelque part à la piscine. Un type comme souvent, assis au comptoir d'un bistrot qui pue la vieille cendre interdite par la loi. Un p'tit racoleur des plages ou, pire, un moniteur dragueur des bassins.

Je claque la porte de ma chambre, pour donner mon avis sur la présence de son « invité ». Quelques secondes plus tard elle est là, dans l'encadrement de la porte, un rictus nerveux au coin de la bouche. Les mains posées sur les hanches, elle se dandine convulsivement, commençant à siffler entre ses dents :

– Si tu crois que c'est facile ! Je ne peux pas avoir de vie privée avec toi toujours dans mes jambes. Tu m'as pris mes plus belles années. Maintenant, je dois rattraper le temps. Et ça n'est pas toi qui m'en empêcheras.

Je me redresse un peu, triste et dévorée de rancœur.

– Je n'ai rien contre. C'est normal. Mais tu me rejettes, tu voudrais me mettre dehors. C'est ça qui me blesse. Où veux-tu que j'aille ? C'est la cour des Miracles, ici, quand on sort : les rues, les immeubles... Tu n'as pas entendu parler de Rox Man ? Tu es bien la seule.

Sans répondre à ma question – à se demander si elle m'entend –, elle continue à casser son sucre en solo :

– Tu devrais comprendre toute seule et t'éclipser sans que je te le demande. Comment veux-tu qu'on arrive à quelque chose, dans

1 **écœuré** angeekelt – 1 **foncer** aller très vite – 2 **détecter** voir, découvrir – 2 **avachi** *ici* : schlaff sitzend – 4 **le dernier en date** le tout dernier – 4 **pêcher** *ici : fig* attraper – 5 **un comptoir** *ici :* Theke – 6 **la cendre** Asche – 6 **un racoleur** *fam* Schürzenjäger – 7 **pire** schlimmer – 7 **un moniteur** *ici :* Schwimmlehrer – 7 **un dragueur des bassins** *jeu de mot* ein Mann, der in Schwimmbecken anbaggert – 10 **l'encadrement** *m* **de la porte** Türrahmen – 10 **un rictus** [ʀiktys] Grinsen – 10 **le coin de la bouche** Mundwinkel – 10 **une hanche** [ˈɑ̃ʃ] Hüfte – 11 **se dandiner** watscheln – 12 **convulsivement** krampfhaft – 17 **se redresser** sich wieder aufrichten – 17 **être dévoré de rancœur** sentir une colère forte – 20 **la cour des Miracles** *ici :* armer Stadtviertel, in dem die Polizei sich nicht traut zu patrouillieren – 24 **casser son/du sucre** *ici :* lästern – 26 **arriver à qc** etw erreichen

51

ces conditions ? Les hommes n'ont pas de patience. Passé 30 ans, ils
ne supportent plus les gamins qui ne sont pas à eux.

L'autre maintenant l'a rejointe dans l'encadrement de la porte.
Derrière elle, il la dépasse d'une tête. Bronzé, il a un sourire dans
les dents, un œil qui évalue mes jambes. J'ai un haut-le-cœur de
tristesse et de honte pour ma mère. Humiliées, elle et moi sommes
humiliées. J'aimerais à cet instant prendre mon cœur à bout de
bras et le lui jeter au visage, sanglant, palpitant. L'obliger à me voir
pour de vrai, la forcer à comprendre que j'existe, que je suis de
la même chair qu'elle – vivante, sa fille, sa vie –, que quoi qu'elle
fasse et dise je l'aimerai quand même, je l'aimerai. Avec toute ma
haine aussi. Et ma blessure qu'elle entretient ouverte, à vif. Mais je
ne peux pas. C'est au-dessus de mes forces. Et puis il y a l'autre, le
type qui balade ses yeux lourds sur moi. Alors je me redresse sans
répondre. Machinalement, j'enfile mon sac sur mon dos après
y avoir mis un pull et je les pousse pour passer, avancer vers la
sortie et m'éteindre dans le couloir dont la minuterie défectueuse
clignote irrégulièrement. Je l'entends crier des recommandations
du genre « Ne rentre pas avant demain matin ! », « Va chez ton
copain Enzo ! », « Ne traîne pas dans les rues, y a des malades et des
voyous... ». Peu à peu, sa voix perd de la puissance. Peu à peu, elle
oublie de s'inquiéter pour moi. Elle vient de fermer la porte. Ses
derniers mots ne sont qu'une bouillie dans ma tête. Ils tournent
comme un carrousel dément, et je m'enfuis dans le soir. Un soir
transformé en nuit.

---

2 **supporter** vertragen – 4 **dépasser** *ici :* être plus grand – 5 **évaluer** bewerten – 5 **avoir
un °haut-le-cœur de tristesse et de honte** *ici :* avoir brusquement un sentiment de *dégoût*
(Ekel) causé par la tristesse et la honte – 7 **à bout** *m* **de bras** *mpl* mit gestreckten Armen –
8 **sanglant** → **le sang** Blut – 8 **palpiter** battre très vite – 9 **pour de vrai** *fam* vraiment – 10 **la
chair** Fleisch – 10 **quoi que** *ici :* egal, was – 12 **entretenir ouvert, à vif** *ici :* offen halten –
14 **balader** laisser courir – 14 **lourd** *ici :* eindringlich – 15 **enfiler** *ici :* mettre – 17 **s'éteindre** *ici :*
fig disparaître – 17 **une minuterie** Schaltuhr – 19 **du genre** *fam* comme – 21 **un voyou** Gauner –
23 **une bouillie** [buji] *ici : fig* Brei

Dans l'ascenseur qui dévale vers le bas, je cogne violemment ma tête contre le miroir brisé depuis longtemps. Des larmes rouges commencent à dégringoler de ses brisures. Moi qui ne pleure jamais, j'ai réussi à faire pleurer un miroir. Il me renvoie ses larmes multipliées. Rouges. Il pleure ma tête cognée, violentée. Il gémit mon hurlement et mes bras refermés sur le vide. Mon sang. Pour moi, le miroir pleure à la place de mon cœur. Dans la rue, personne. Pas le moindre chat. Pas de Rox Man non plus. On dirait le couvre-feu. Je cours vers l'immeuble d'Enzo. Mes cheveux humides collent à mon visage. L'odeur de la mer navigue doucement dans mes gestes. Elle commence à me porter.

1 **dévaler** descendre très vite – 1 **cogner** schlagen – 2 **brisé** cassé – 3 **dégringoler** tomber très vite – 5 **gémir** *ici :* heulen – 8 **pas le moindre chat** *fig* keine Menschenseele – 8 **un couvre-feu** Sperrstunde

13

La nuit oxygénée

Chez Enzo, son père vient m'ouvrir avec une serviette à la main, un sourire gentil sur les lèvres. Quand il découvre mon visage, il s'affole, me fait entrer très vite en me poussant vers un siège. Il secoue la tête devant mon front couvert de sang. Je n'arrive pas à parler. J'ai mal à la tête. Il se précipite dans la salle de bains et revient aussitôt, avec du coton et de l'eau oxygénée. En nettoyant mes plaies, il appelle Enzo :

– ENZO !

C'est la première fois que je l'entends élever la voix. Elle résonne très fort à mes oreilles, puis je perçois celle de mon ami.

Quand il entre dans la pièce, il se précipite vers moi et me prend dans ses bras.

– Qu'est-ce que tu as fait ?

Je dis « chut » avec mes lèvres, sans prononcer un son. Grande fatigue. Lassitude. Enzo, s'il te plaît, comprends. Pas grave. C'est moi, toute seule. Personne d'autre. Toutes les explications se bousculent dans ma tête. Mais je reste muette, figée dans le silence. Je reprends peu à peu des forces dans les bras d'Enzo. La présence de son père ne desserre pas notre étreinte d'un millimètre. On est collés l'un à l'autre, tatoués par la tendresse et l'émotion. La peur, aussi. Celle du monde qui nous entoure, au dehors. Au bout d'un moment, son père l'écarte de moi, doucement, et explique :

– Laisse-moi la soigner un peu, Enzo. Et va nous chercher de l'eau fraîche dans le frigo. Il faut qu'elle se détende. On va essayer de comprendre.

---

1 **oxygéner** *ici :* donner de l'air pur – 2 **une serviette** Handtuch – 4 **s'affoler** paniquer – 7 **l'eau oxygénée** Wasserstoffperoxid – 8 **une plaie** Wunde – 16 **la lassitude** Überdruss – 18 **figé** immobile – 20 **une étreinte** → p. 34 – 23 **écarter** pousser sur le côté – 24 **soigner** verarzten – 25 **frais, fraîche** kühl

Après, je commence à leur expliquer ce qui s'est passé. Ma mère, son ami bronzé, moi l'intruse, la sans-toit.

On discute longtemps ; enfin, surtout eux. Ils trouvent des tas d'excuses à ma mère. Ils connaissent son histoire, de celles qu'on traîne longtemps après comme un boulet, puis le père d'Enzo se lève et enfile son blouson.

– Je file travailler. Enzo, je te la confie. Tu peux dormir ici cette nuit, Shayna. Personne ne te mangera. Tu es chez toi. Moi, il faut que j'y aille.

Le père d'Enzo est veilleur de nuit dans un grand complexe industriel. Avant de partir, il nous demande de nous barricader et d'être sages. Ce mot dans sa bouche me fait sourire.

Ensuite, on allume la télé puis, lentement, en regardant défiler des images de pub, je n'arrive plus à respirer. J'étouffe, d'un seul coup. Ce n'est pas une crise d'asthme, je le sais. Je me lève d'un bond et, debout devant la fenêtre qui donne sur la mer de nuit, je commence à pleurer, le visage dans les mains. Pour la première fois depuis longtemps, j'ai oublié quand... je pleure. Comme le miroir de l'ascenseur tout à l'heure, je pleure sans plus pouvoir m'arrêter. En collant mon visage contre la vitre, j'implore :

– Enzo, j'ai besoin d'air. J'étouffe. Il faut que je sorte.

Je me tourne vers lui. En me voyant en larmes, il est complètement déboussolé. Il éteint aussitôt le poste et me serre fort contre lui, à m'étouffer.

– Arrête, Shayna, je suis là, je m'occupe de toi... Viens, on va dans notre maison, sur le toit de l'immeuble, à la cabane, viens... On emmène Garfield, le chat.

Je fais « oui » avec la tête. Je repousse la longue mèche qui me couvre les yeux et je le suis. Sa main chaude tient la mienne et,

3 **un tas** beaucoup de – 7 **filer faire qc** aller vite faire qc – 7 **confier qn à qn** jdn in jds Händen lassen – 10 **un veilleur de nuit** Nachtwächter – 12 **être sage** ne pas faire de bêtises – 13 **défiler** passer l'un après l'autre – 14 **étouffer** ne pas pouvoir bien respirer – 15 **se lever d'un bond** aufspringen – 16 **donner sur** *ici :* mit Blick auf etw – 20 **implorer** flehen – 23 **déboussolé** perdu – 23 **un poste** *ici :* un poste de télévision

55

de l'autre, il serre le chat roux de son père, un gros matou avec des bajoues.

On grimpe là-haut, toujours aussi méfiants, en sortant dans le couloir désert. Enzo me confie une lampe de poche et un sachet avec de quoi manger. Il a compris que je n'avais pas dîné.

Là-haut, tout est noir et frais. Le vent de la mer nous caresse doucement. Je me calme. Je respire mieux. Mes larmes sèchent, et j'avale une tomate et des cacahuètes. Enzo essaie de me faire rire. À la façon d'Élie Kakou, il raconte que ma mère est une grande comique : « C'est un spectacle côômique... Faut rigoler ! » Le chat sursaute à chacun de nos éclats de rire. Au bout d'un moment, il quitte la cabane et part explorer le bord du toit. Avec la lampe de poche, on le suit. Il ressemble à un funambule. Léger... Je suis un peu inquiète. Enzo me dit que ça n'est pas la peine, les chats savent se débrouiller. Ils passent leur vie sur les toits.

En surveillant le matou, on s'assoit dehors, dans la nuit, sur le pull d'Enzo, car le béton du toit est dur. Il commence à me raconter sa journée de travail au Casino. Les palettes n'ont plus de secret pour lui, maintenant. Il précise par ailleurs que le père du garçon de sept ans qui aurait été enlevé par les Roumains travaille comme comptable au Casino et son gamin, qui vient de rentrer de Lille où il séjournait chez son oncle, est revenu entier et en forme. Ouf ! L'histoire du trafic d'organes n'était qu'une intox ayant peut-être pour but de faire circuler la peur dans le quartier (ça, c'est le point de vue d'Enzo).

---

1 **roux, rousse** *ici:* rotbraun – 1 **un matou** Kater – 2 **une bajoue** Hängebacke – 3 **méfiant** misstrauisch – 6 **caresser doucement** sanft berühren – 8 **une cacahuète** [kakawɛt] Erdnuss – 9 **Élie Kakou** un humoriste et acteur français (1960–1999) – 11 **sursauter** zusammenzucken – 13 **un funambule** Seiltänzer – 14 **ça n'est pas la peine** es lohnt sich nicht – 19 **par ailleurs** außerdem – 21 **un comptable** Buchhalter – 22 **séjourner** *ici :* être en vacances – 23 **une intox** *fam* une histoire fausse – 24 **un but** *m* Ziel – 24 **circuler** *ici :* verbreiten

En parlant de peur, ce matin, Rox Man et sa bande ont suivi
Enzo en voiture, pendant une bonne demi-heure, quand il est parti
livrer ses courses à une cliente clouée au lit. Le crâne rasé semblait
déterminé à lui mettre la pression et à le coincer. Mais, après le feu
rouge de la gendarmerie, lui et ses copains ont disparu, comme ⁵
par enchantement. Un car de police se garait juste à côté. Pourtant,
cette fois, Enzo a eu peur. Rox Man a sorti son cran d'arrêt à
plusieurs reprises, pour qu'il comprenne qu'il ne lui voulait pas du
bien. J'ai respiré un grand coup, puis je lui ai demandé :
– Tu sais pourquoi il t'en veut comme ça ? ¹⁰
– Un soir où il était bourré au café en bas, il m'a crié que depuis
la sixième au collège, il te voulait. L'idée ne l'a pas effleuré que sa
façon d'agir, sa violence, tout ça n'avait rien à voir avec de l'amour.
L'amour, il ne peut pas. Il ne l'a pas programmé dans son karma,
et puis personne ne lui a appris. ¹⁵
– Oui, je sais. Ça ne tourne pas rond dans sa tête, il est violent.
Comme je ne dis plus rien, Enzo ajoute :
– T'en fais pas, Shayna, c'est un pauvre gars. Il m'a fait peur
aujourd'hui, c'est vrai, mais ça n'ira pas plus loin.
– Mais il t'en veut à mort. Il cherche à nous coincer. Il me l'a dit. ²⁰
Et puis l'autre fois, avec son copain, ils m'ont bien secouée... Si
vous n'étiez pas arrivés, je n'aurais plus de portable, aujourd'hui.
J'espère qu'il ne sait pas, pour notre cabane ici, sur le toit. S'il
l'apprend, un jour il nous aura, car il n'y a pas d'autre issue que
l'escalier pour s'échapper. ²⁵

3 **livrer** apporter – 3 **être cloué au lit** ne pas pouvoir sortir de son lit – 3 **un crâne** →
p. 34 – 4 **être déterminé** être décidé – 4 **mettre la pression à qn** jdn unter Druck setzen –
4 **coincer qn** *fam* attraper qn pour lui faire mal – 4 **un feu** Ampel – 5 **la gendarmerie** *ici* :
Polizeidienststelle – 5 **comme par enchantement** *m fig* wie durch ein Wunder – 6 **se garer**
parken – 6 **juste** *ici* : direkt – 7 **un (couteau à) cran d'arrêt** Schnappmesser – 7 **à plusieurs
reprises** plusieurs fois – 11 **être bourré** *fam* quand on a bu trop d'alcool – 12 **l'idée ne
l'effleure pas que** *fig* il/elle ne réalise pas que – 16 **ne pas tourner rond dans la tête de qn**
expression fam spinnen – 18 **s'en faire** *fam* sich sorgen machen – 21 **secouer qn** *fam ici* : jdn
erschüttern

– Impossible qu'il le sache, personne n'est au courant. Pas même mon père. Et puis on fait toujours très attention en montant. Ça ne lui viendrait même pas à l'esprit d'avoir une idée pareille. Une maison sur le toit de l'immeuble ! Non, rien à craindre. On peut même dormir ici sur nos deux oreilles.

– Mais il nous surveille. Il est à l'affût.

– Il nous surveille en bas, pas dans l'immeuble. Allez, rigole. Faut rigoler ! Regarde, la nuit est belle. On voit même des lumières sur la mer. Tu sais ce que c'est ?

– Non. Un cargo... Je ne sais pas.

– Regarde, un bateau qui part vers l'Afrique. Quand on se réveillera demain, il sera au milieu de la mer, il aura peut-être dépassé la Corse et la Sardaigne. Et regarde, là-bas, d'autres lumières... Des bateaux plus petits. Ceux-là doivent suivre la côte.

– J'aimerais voyager sur un bateau de nuit. Tout est tellement calme...

– On demandera à mon père. Il a un copain qui pêche un peu en mer. Ça te dirait ?

– Oui, vraiment. Si c'était possible.

On a continué à parler comme ça, longtemps, puis je crois qu'on s'est endormis. Le matin, c'est le soleil qui m'a réveillée, ses premiers rayons sur le bord du toit. En me redressant, j'ai remarqué que le chat dormait contre le dos d'Enzo. Je les ai observés un bon moment. À moitié endormie, je les ai gardés dans mes yeux le plus longtemps possible, car cette image était belle. C'était comme une photo de famille avec quelque chose d'étrange en plus, un mystère que je n'arrivais pas à expliquer mais qui me serrait le cœur. Et puis, je ne sais pas pourquoi, j'ai pensé que cette image était un mirage, quelque chose que je ne verrais qu'une fois. Quelque chose de trop beau pour moi.

---

1 **être au courant de qc** *fam* savoir qc – 3 **venir à l'esprit** *m* penser – 3 **pareil** *ici :* solch – 6 **être à l'affût** *m fig* attendre en faisant très attention – 10 **un cargo** Frachtschiff – 13 **dépasser qc** *ici :* an etw vorbeifahren – 14 **suivre qc** *ici :* etw entlangfahren – 17 **pêcher** fischen – 18 **Ça te dirait ?** *fam* Tu aimerais le faire ? – 22 **un rayon** Strahl – 29 **un mirage** une image irréelle

14

La cabane dans le ciel

Le mois d'août est déjà bien entamé. Le dossier de demande de bourse est toujours sur le buffet Henri II du salon. Ma mère n'y a pas touché. Elle sait que je me suis décidée à continuer en seconde, elle a compris que ma décision tiendra la route si elle envoie le dossier... Alors elle laisse mijoter. Pas par désir de me faire mal, mais parce que son « invité » prend de plus en plus de place à la maison et qu'elle doit avoir du mal à « gérer ». Je crois qu'il s'incruste, cette fois. Il y a des affaires d'homme un peu partout. De dépit, je lui ai piqué de la mousse à raser trop chère, pour l'offrir à Enzo. On a bien rigolé, mais ma mère s'est peut-être fait enguirlander. D'ici à quelque temps, si ça se trouve, il faudra même que je l'appelle « papa ». Alors là, il peut attendre longtemps ! Il a toujours son regard de vieux vicelard sur moi. Impossible de le prendre pour un père, celui-là. Et maman qui ne remarque rien, toujours aveuglée. J'ai même l'impression qu'elle s'accroche. Alors l'autre, comme un coq en pâte, installe ses baskets dans le salon et fait sa place au soleil pendant que moi je déguerpis. On n'arrive pas à parler, maman et moi, pourtant je sens qu'elle est tiraillée. Si je continue au lycée, avec ou sans bourse d'études, je serai toujours là, chez elle. Peut-être que son maître nageur lui a demandé de m'écarter, peut-être que... Une boule de colère palpite en moi à la place de mon cœur, tambourine à me crever les tympans quand j'y pense. Et j'y pense, j'y pense trop.

2 **entamer** *ici: fig* commencer – 3 **un buffet** un meuble dans lequel on range la vaisselle – 5 **tenir la route** *fig* se réaliser – 6 **laisser mijoter** *ici : fig* schmoren lassen – 8 **gérer** *fam* contrôler – 9 **s'incruster** *fam* sich bei jdm einnisten – 10 **de dépit** *m* de colère – 10 **piquer qc à qn** *fam* voler qc à qn – 10 **la mousse à raser** Rasierschaum – 11 **se faire enguirlander** *fam* se faire disputer – 12 **si ça se trouve** *fam* peut-être – 14 **un vicelard** [vislaʀ] *fam* zudringlicher Kerl – 16 **aveuglé** qui ne voit rien – 16 **s'accrocher** *fam* sich klammern – 17 **comme un coq en pâte** *fam* wie die Made im Speck – 18 **déguerpir** *fam* partir vite – 19 **tiraillé** *fam* hin- und hergerissen – 21 **un maître nageur** Schwimmlehrer – 22 **une boule** Kloß – 22 **palpiter** → p. 52 – 23 **crever un tympan** → p. 12

Alors, ma mère ne me voit presque plus. À partir du moment où la nuit tombe, pendant que son père travaille comme veilleur, Enzo et moi montons dans notre cabane, sur le toit de l'immeuble. On dort là, tranquillement, chaque nuit, avec le chat. Ma mère ne me demande rien puisque ça l'arrange.

Ce soir, on s'est installés plus tôt que d'habitude sur notre toit. Et, avant, on a pris la peine d'aller faire des courses au Casino. On a joué à Élie Kakou avec Mme Sarfati. C'était trop drôle ! Quand Rox Man est passé devant le magasin dans une voiture cabossée, j'ai sursauté. Enzo a serré ma main à m'en arracher la peau. Dans son geste, il disait : « Calme-toi, tout va bien. » On a eu l'impression que Rox Man ne nous avait pas repérés. Alors, avec nos sacs, on a pris l'ascenseur jusqu'au ciel.

Le soleil n'a pas complètement disparu. La mer est agitée, en bas. On le remarque aux petits moutons blancs à sa surface, comme un décor au loin, car, de notre toit, on a l'impression qu'elle dort, immobile.

Je sors les affaires des sacs Casino et installe tout sur la table basse de fortune de la cabane pendant qu'Enzo fume une cigarette, assis au bord du toit, les pieds dans le vide (moi, j'ai enfin réussi à arrêter). J'allume la radio (les piles fonctionnent encore). Je suis un peu rêveuse. Par moments, je lève la tête et je regarde la mer. Et, devant, la silhouette d'Enzo se découpe sur le bleu. Le soir pose une lumière douce sur les contours de son corps. Je respire un peu. On va manger un morceau, parler de voyages et s'embrasser. Mes problèmes avec ma mère me sortiront un peu de la tête et je rirai.

---

5 **arranger** *ici :* gelegen kommen – 6 **s'installer** *ici :* sich bequem machen – 7 **prendre la peine** sich die Mühe geben – 8 **Mme Sarfati** est un personnage comique joué par Elie Kakou – 9 **cabossé** verbeult – 10 **arracher** abreißen – 12 **repérer** voir, découvrir – 15 **un mouton** *ici :* fig Schaumkrone – 19 **de fortune** → p. 40 – 21 **une pile** Batterie – 23 **se découper sur qc** fig sich gegen etw abzeichnen

Soudain, pendant que je lève les yeux vers la mer, les mouettes qui stationnaient sur le toit s'envolent toutes en même temps, dans un bouquet d'ailes affolées. Je ne sais pas ce qui les a fait fuir. Je lâche le paquet de chips et cours en direction d'Enzo. Il se tourne vers moi. Son regard est calme, amical. Il jette sa cigarette dans le vide. Arrivée à sa hauteur, je prends sa main et lui demande de quitter le bord du toit : 5

– C'est dangereux, je ne sais pas, mais un faux mouvement et tu pars dans le vide.

Enzo embrasse ma main mais ne bouge pas pour autant. 10

– Je me sens bien, ici, accroché au ciel. Je me transforme en oiseau...

Son dernier mot est avalé par le cri des mouettes, qui s'éloignent sur le front de mer. Je me retourne, inquiète, et n'ai pas le temps de dire un mot de plus. Rox Man et son copain de l'autre fois sont 15 derrière nous.

Là, tout se passe très vite. D'une seule détente, ils foncent en hurlant et poussent... Enzo n'a pas le temps de se redresser. Son corps disparaît dans le vide, bleu, frappé violemment au dos par les deux fous qui continuent à hurler comme à la guerre, à s'en 20 arracher les boyaux. Sans que je puisse rien faire, aussi rapide que la vitesse de la lumière, la vie d'Enzo disparaît. Sa main a instinctivement lâché la mienne lorsqu'il est parti, et je sens encore dans ma paume la chaleur de sa vie. La vie, c'est bizarre comme c'est... C'est surtout de la chaleur. De la chaleur qui se dissipe. 25

Alors, cette fois, je vomis sur les pieds des deux types ce que je gardais depuis longtemps dans le ventre et crie si fort que, pendant un instant, déstabilisés, ils hésitent à s'occuper de moi. Ça me

2 **stationner** *ici :* rester – 3 **un bouquet** Garbe, Bund – 3 **affolé** paniqué – 4 **lâcher** laisser tomber – 10 **pour autant** trotzdem – 13 **avaler** *ici : fig* übertönen – 14 **le front de mer** le bord de la mer – 17 **d'une seule détente** mit einem Satz – 18 **se redresser** sich aufrichten – 20 °**hurler à s'en arracher les boyaux** *ici : fig* sich die Lunge aus dem Leib schreien – 24 **la paume** la partie intérieure de la main – 25 **se dissiper** disparaître – 26 **vomir** sich übergeben

laisse le temps de m'enfuir. Je ne sais pas ce qu'est devenu le chat...
J'ai le cœur broyé rien qu'à l'idée de mon amour, rien qu'à l'idée
d'Enzo, ma famille, mon mec, complètement écrasé au pied de
l'immeuble.

5   Lorsque j'arrive dans la rue, essoufflée, anéantie, ils ne m'ont pas
rattrapée. Je crois entendre les sirènes de la police approcher, je
décampe vers mon immeuble en pensant à Enzo. J'ai un goût sale
dans la bouche. Et je cours, les mains sur les yeux. La lumière, trop
forte, les grignote peu à peu, et je me rends compte maintenant
10 que je n'arrive plus à fixer la mer. Elle est quelque part derrière mes
paupières, et je sais que, si je la regarde encore, elle va me dévorer
les yeux.

2 **broyer** *ici :* zerdrücken – 2 **rien qu'à l'idée** *fam* wenn ich nur denke – 3 **mon mec** *fam* mon
amoureux – 5 **essoufflé** außer Atem – 5 **anéanti** deprimé – 6 **rattraper** einholen – 7 **décamper**
partir très vite – 7 **un goût** Geschmack – 7 **sale** dreckig – 9 **grignoter** knabbern – 11 **une**
paupière → p. 9 – 11 **dévorer** verschlingen

15

Une boule de fer

Personne n'est mort ce jour-là, ni Enzo ni moi. C'est difficile à croire, mais cette fois on a eu droit à un miracle comme on n'en voit peu. Surtout par ici, dans la cité. J'ai erré longtemps à travers la nuit, comme un pantin, j'ai couru sans m'arrêter jusqu'à ce que je ne sente plus mes jambes ni mes pieds, ni ma tête qui se vidait. Il ne m'est rien arrivé. Rien, nada. De toute façon j'étais devenue une boule de fer complètement aveugle, incandescente, le cerveau et le cœur éclatés en mille morceaux. Dans ces cas-là, je crois qu'il n'y a rien à faire, juste à attendre que la connexion avec la vie revienne ou alors seulement s'abandonner, cesser de respirer. À l'aube, je suis retournée à l'appartement du père d'Enzo, car je savais qu'il était rentré du travail. Je n'avais plus peur de Rox Man, car, si je le croisais, je le mettrais en miettes ; en tout cas, ce serait mon but, le seul. J'avais la haine dans le cœur, maintenant, une boule noire en moi. La haine.

Là-bas, j'ai hurlé à son père qu'Enzo était mort, écrasé en bas de l'immeuble. Il ne m'a pas crue. « Impossible ! » Personne ne lui a rien dit, personne n'a rien vu. Il a pris une corde, son visage de marbre, et il est monté sur le toit sans se retourner, pour voir. Je me suis effondrée sur le tapis de leur salon, petit tas de cendres brûlantes de fièvre. Exténuée. Et, pendant que je vomissais, son père a sauvé Enzo. Respect.

1 **une boule de fer** *m* Eisenkugel – 4 **errer** umherirren – 5 **un pantin** Hampelmann – 7 **nada** *fam espagnol* rien – 8 **incandescent** très chaud – 8 **le cerveau** Gehirn – 9 **éclater** casser – 9 **un cas** Fall – 11 **cesser** arrêter – 11 **à l'aube** *f* quand le soleil se lève – 14 **mettre qn en miettes** *fpl fam* jdn zum Krüppel schlagen – 19 **une corde** Seil – 20 **de marbre** *m* steinern – 21 **s'effondrer** tomber – 21 **la cendre** Asche – 22 **la fièvre** Fieber – 22 **exténué** très fatigué – 23 **sauver** retten

Là-haut, il a observé notre campement, les mouettes et les goélands qui s'étaient posés à nouveau, et qui attaquaient un paquet de chips ouvert. Il a appelé « Enzo ! », une vingtaine de fois. Puis il a écouté, entendu... un appel. Faible mais réel. Il a cherché le
5 long du bord, s'est penché, a suivi la voix. Enfin, sur la corniche de l'immeuble, il a aperçu son fils, recroquevillé et tremblant contre le mur, en contrebas. Il a hurlé :
– Je suis là, ne bouge pas !
Il a arrimé solidement la corde à une cheminée ou à quelque
10 chose de ce genre, du solide, puis il l'a lancée dans le vide. Elle a échoué sur la corniche où Enzo attendait, complètement halluciné. Il lui a demandé de nouer la corde à sa taille à l'aide du nœud le plus solide qu'il lui avait enseigné... Puis il l'a hissé, difficilement, à bout de bras, avec toute son affection et son énergie qui passaient
15 dans la corde. Il a remonté son fils jusqu'au bord du toit. Je n'étais pas là pour les voir, mais je sais qu'il l'a empoigné et serré dans ses bras, fort, longtemps, sans mots, juste leurs deux vies liées. Enzo avait les jambes qui flageolaient, il était gelé et muet, épuisé d'avoir tenu jusqu'à l'aube accroché à sa corniche.

20 Quand ils sont entrés dans l'appartement, j'avais perdu connaissance. Il paraît que Garfield, le chat, était revenu et dormait tranquillement à côté de moi, sans se soucier du reste. Je me suis réveillée à l'hôpital, avec un goutte-à-goutte dans le bras. Maman était assise à mon chevet, pâle, le regard éteint. Quand j'ai ouvert
25 les yeux, elle a sursauté :

---

4 **faible** leise – 5 **une corniche** Vorsprung – 6 **recroquevillé** [ʀ(ə)kʀɔk(ə)vije] zusammengekauert – 9 **arrimer** attacher – 9 **une cheminée** *ici :* Schornstein – 11 **échouer** *ici :* landen – 12 **nouer** faire un *nœud* (Knoten) – 13 **enseigner qc à qn** jdm etw beibringen – 13 °**hisser** hochziehen – 13 **à bout de bras** → p. 52 – 16 **empoigner qn** attraper qn – 17 **lier** binden – 18 **flageoler** [flaʒɔle] wanken – 18 **être gelé** avoir très froid – 18 **épuisé** très fatigué – 20 **avoir perdu connaissance** *f* bewusstlos sein – 22 **se soucier** sich Sorgen machen – 23 **un goutte-à-goutte** Tropf – 24 **être au chevet de qn** être assis à côté du lit de qn – 24 **éteint** *ici :* matt

– Bon ! Voilà ! Tu m'en auras donné, des soucis... Tu te sens comment ?

Pour la première fois depuis longtemps, je lui ai souri. J'ai même répondu :

– Vivante. Et toi, tu es chez toi ici, maman ; l'hôpital, c'est ta maison.

Ma remarque l'a gênée. Elle a commencé à me sourire, mais très vite elle a tourné la tête vers la porte, et pourtant personne ne venait d'entrer. Je crois qu'elle était touchée, quelque part dans sa caboche de dure à cuire. Elle jouait avec ses doigts, comme si elle ne savait pas quoi en faire. Quelque chose en elle avait frémi. Quoi ? Je n'en savais rien, mais cette fois elle ne me voyait pas comme une vitre sale, je le sentais. Essoufflée comme après une longue crise d'asthme, je lui ai tout de suite demandé :

– Enzo ?

– Il est sauvé. À l'hôpital, lui aussi, dans un autre service. Traumatisé par son attente sur la corniche, mais il en ressortira plus fort.

J'ai soupiré. J'entendais mon cœur battre plus fort lui aussi. L'image d'Enzo endormi avec le chat contre lui m'est revenue sans prévenir, j'ai eu envie de pleurer de soulagement. Mais devant ma mère, je me suis retenue. Peut-être qu'elle ne comprendrait pas. Des années qu'elle ne m'avait plus vue en larmes. Les choses ne reviennent pas toutes d'un coup, sinon elles se brisent.

– Et son père ?

Elle a sursauté :

– Alors là, chapeau, cet homme ! Vers midi, on l'a vu rappliquer au commissariat : il tenait par le col un voyou, tu sais, Rox Man, celui qui casse tout dans le coin... Eh bien, figure-toi que le père

---

10 **la caboche** *fam* la tête (Kopf) – 10 **une dure à cuire** *fam* harte Nuss – 11 **frémir** zittern – 16 **un service** Abteilung – 21 **le soulagement** Erleichterung – 22 **se retenir** *ici :* sich beherrschen – 24 **d'un coup** en une seule fois – 24 **se briser** se casser – 27 **Chapeau !** *fam* Hut ab! – 27 **rappliquer** *fam* arriver – 28 **un col** Kragen – 28 **un voyou** Gauner – 29 **se figurer qc** s'imaginer qc

d'Enzo l'a traîné au commissariat rien qu'à la force de ses bras. Il
l'a livré aux gendarmes. Maintenant, l'autre est enfermé pour un
bon moment j'espère. Il passera aux assises à Aix... Il paraît que
c'est lui qui a poussé ton ami dans le vide. Un criminel !
5   – Oui, je sais, maman... J'y étais.
– Ça ne m'étonne pas. Mais quelle idée d'aller sur le toit des
immeubles ! Dix étages, au moins ! C'est bien une idée à toi, ça !
Vraiment n'importe quoi... Tout ce qu'il ne faut pas faire, allez,
zou, tu fonces !
10   Je n'ai rien répondu. Elle reprenait son ton criard de tous les
jours. La force de l'habitude. À nouveau, maman m'échappait. À
nouveau, elle me quittait. Pour les cris, la violence qui battaient
en elle à la place de son cœur depuis longtemps, trop de temps. À
nouveau, elle n'était plus maman, mais cette mère à quatre sous
15   qui me privait de famille et me bouffait la tendresse.
Je me suis tournée sur le côté et j'ai fait semblant de dormir.
J'ai cherché à me rappeler la dernière fois qu'elle m'avait tenue
dans ses bras. J'étais si fatiguée... C'était loin, loin, trop loin pour
que je puisse encore me souvenir de sa chaleur contre moi. En
20   m'endormant, je me suis dit que, peut-être, il fallait tout ça pour
que j'accepte de grandir et de devenir adulte. Enzo, maman étaient
ma famille, mais ils ne pourraient pas grandir à ma place.
J'ai pensé qu'Enzo aussi aurait besoin de moi. Alors, en
m'endormant, je me suis souvenue qu'on avait plein de choses à
25   partager et qu'il faudrait vite que je me réveille.

Le soir, quand je me suis levée de mon lit, à l'hôpital, j'ai eu
la surprise de trouver un petit papier sur l'oreiller, juste à côté
de l'endroit où je pose ma tête. Pour une fois, ce n'était pas une

---

1 **trainer** *ici :* schleppen – 2 **livrer** donner – 2 **un gendarme** un policier – 3 **passer aux assises**
vor das Schwurgericht gestellt werden – 8 **n'importe quoi !** *fam* Unsinn! – 9 **zou** [zu] *interj*
fam los, hopp – 10 **criard** → crier – 14 **à quatre sous** *fam ici :* sans qualités – 15 **priver qn de qc**
ne pas donner qc à qn – 15 **bouffer** *fam ici :* verpfuschen – 27 **un oreiller** [ɔʀɛje] Kopfkissen

citation de Mme Bizmuth, mais un mot de maman, qui était revenue sur ses pas, dans ma chambre d'hôpital, pendant que je sommeillais. Sur le mot, elle avait écrit : « J'ai signé et envoyé ton dossier de demande de bourse. »

Et là, moi, j'ai explosé de joie.

5

---

1 **un mot** *ici :* un message – 2 **revenir sur ses pas** → p. 9 – 3 **sommeiller** im Halbschlaf liegen

16

Ensemble, c'est tout

Ce matin, Enzo et moi sommes passés chez Mme Bizmuth.

Elle nous a ouvert sa porte comme si on se connaissait depuis toujours et nous a offert un café qu'elle prépare dans une cafetière italienne.

Elle était vraiment contente d'avoir fait quelque chose pour moi, heureuse aussi de nous revoir et de constater qu'Enzo s'en sortait. Moi, je crois que j'ai toujours eu cette idée de lui rendre visite. Elle m'a offert un livre de sa bibliothèque et me l'a dédicacé. Ça m'a tellement émue que je n'ai pas su la remercier, j'ai bafouillé. Pourtant, je sais qu'elle a compris. Elle m'a confirmé que les choses allaient se mettre en place. Alors peut-être qu'un jour, après le lycée, le bac, je pourrai travailler dans une bibliothèque, recevoir des enfants, leur faire découvrir et aimer les livres.

– Il faut quelqu'un pour nous initier, un guide, a précisé Mme Bizmuth, suivant le milieu social d'où l'on est issu. Après, le travail et la passion font le reste.

Je ne suis pas encore calée dans mon futur métier, mais ça viendra. En attendant, je rentre en seconde demain matin. Enzo aussi. Son père pense qu'il peut apprendre un métier d'artisan, « avec les mains » – c'est son expression, une de celles que j'aime bien. En buvant le café, la prof nous a expliqué que, le jour où on m'a admise à l'hôpital, alors que j'étais encore évanouie, elle m'a rendu visite. Elle a trouvé ma mère assise à mon chevet, complètement démoralisée. Elle a donc enfin pu lui parler, lui expliquer qu'il était essentiel que je continue mes études. Elle

---

7 **constater** feststellen – 7 **s'en sortir** *fam* sortir d'une situation difficile – 9 **dédicacer qc à qn** etw mit einer Widmung für jdn versehen – 10 **bafouiller** ≠ parler clairement – 16 **suivant** *ici :* je nach – 18 **être calé dans qc** *fam* bien s'y connaître dans qc – 19 **en attendant** *ici :* bis dahin – 20 **un artisan** Handwerker – 23 **admettre qn** *ici :* jdn aufnehmen – 23 **évanoui** bewusstlos

en a profité aussi pour la secouer, lui redonner du courage. Il paraît que le petit ami de maman venait tout juste de la quitter pour une plus jeune et plus « marrante ». Je n'en savais rien… Toujours est-il que, maintenant, le dossier de demande de bourse est accepté et validé. 5

Ce mercredi 2 septembre est le grand jour de la rentrée. Ce matin, au bas de l'immeuble, un chien nous a suivis. Il fouillait dans les poubelles, sans collier. Dès qu'il nous a vus avec nos sacs, en direction du bus pour le lycée, il a foncé vers nous en remuant la queue. Je me suis accroupie à sa hauteur et j'ai pris son museau 10 dans mes mains. Je l'ai caressé. Il avait de la douceur sur son pelage, quelque chose de tendre qui ne devait pas disparaître. Il sentait bien un peu le chien, je me suis donc dit qu'il aurait besoin d'un bain dans la mer, avec nous, un grand bain salé dans le petit port de Niolon, où la baignade est interdite, mais où tout le monde 15 se baigne quand même, y compris ceux qui ont posé les panneaux d'interdiction, parce que c'est bon, parce que c'est notre coin, un quartier qu'on aime et qu'on s'y sent chez nous, ensemble.

Le chien nous suit partout, et personne n'a pensé à nous le réclamer. Personne n'est venu le pleurer. Enzo a essayé de me faire 20 comprendre qu'on n'avait pas besoin de lui, mais je l'ai adopté. Il m'a secoué l'épaule.

– Eh, Shayna, c'est juste un chien. Tu viens ? On ne va pas s'embarrasser de lui ! Viens, c'est pas ton chien.

– Mais maintenant, si, il l'est devenu. C'est le mien ! 25

---

1 **secouer qn** *ici :* jdn antreiben – 3 **marrant** *fam* amusant – 3 **toujours est-il que** *fam* immerhin – 5 **valider** confirmer – 7 **fouiller** *ici :* wühlen – 8 **un collier** *ici :* Halsband – 8 **dès que** sobald, dass – 9 **remuer la queue** mit dem Schwanz wedeln – 10 **s'accroupir** in die Hocke gehen – 10 **un museau** → p. 9 – 11 **caresser** streicheln – 12 **un pelage** → p. 9 – 16 **y compris** einschließlich – 16 **un panneau** Schild – 24 **s'embarrasser de qc/qn** sich mit etw/jdm belasten

Et on a éclaté de rire au même moment. Ensuite, on s'est éloignés vers l'arrêt de bus avec le chien dans nos jambes. Le soir, quand on est rentrés du lycée, il était là, il nous attendait à la descente du bus, exactement comme s'il avait compris... notre vie, notre emploi du temps, les heures qui passent, les choses qu'on ne dit pas mais qui sont importantes. Ça m'a fait vraiment du bien de le retrouver.

Maintenant, je sais que je prendrai soin de ceux qui ont de la tendresse. Les chiens, les enfants, Enzo, Djam, et même ma mère, si elle en a besoin.

En serrant le chien contre mon cœur, j'ai envie de serrer la terre entière. Je pense à notre vie qui ne fait que commencer, comme dans ce gros roman que je viens de refermer et que j'ai aimé, car il s'appelle *Ensemble, c'est tout*.

Biographie

   Mireille Disdero est originaire de la région d'Aix-en-Provence. Sa vie professionnelle est marquée par les livres : elle est écrivain, a travaillé dans l'enseignement, en librairie, dans l'édition, avant de se fixer en bibliothèque. Elle aime écrire sur la « vraie vie » des gens aux prises avec la réalité. Les personnages de ses romans sont souvent des adolescents et des jeunes adultes mais elle n'écrit pas « que » pour eux.
   Mireille Disdero voyage beaucoup, surtout en Asie, et a vécu de 2012 à 2017 à Bangkok, en Thaïlande.

Bibliographie non exhaustive

Orient extrême (recueil de nouvelles), Le Muscadier, 2017
Écrits sans papiers, pour la route entre Marrakech et Marseille
(recueil de poèmes), La Boucherie littéraire, 2015/2016
Ronde comme la lune (roman), Éditions du Seuil, 2015
À l'ombre de l'oubli (roman), Éditions du Seuil, 2013
Ma Vie océan (roman), Éditions du Seuil, 2012

Liste des abréviations

≠	antonyme de
→	mot de la même famille
[']	h aspiré (pas de liaison : *le / la* devant un substantif, *je* devant un verbe)
etw	etwas
f	féminin
fam	familier
fig	figuré
fpl	féminin pluriel
inf	infinitif
jdm	jemandem
jdn	jemanden
jds	jemandes
m	masculin
mpl	masculin pluriel
péj	péjoratif
qc	quelque chose
qn	quelqu'un
verlan	argot, langage qui inverse les syllabes